¡VENCE
el
TEMOR
al
FRACASO!

¡VENCE el TEMOR al FRACASO!

Claves bíblicas de Josué para una vida victoriosa

ERWIN LUTZER

Portavoz

Título del original: *Conquering the Fear of Failure* © 2002 por Erwin Lutzer y publicado en Estados Unidos por Regal Books, una división de Gospel Light Publications, Inc. Ventura, CA 93006 EE.UU. Todos los derechos reservados. Traducido con permiso.

Edición en castellano: *¡Vence el temor al fracaso!* © 2011 por Editorial Portavoz, filial de Kregel Publications, Grand Rapids, Michigan 49501. Todos los derechos reservados.

Traducción: Mercedes De la Rosa-Sherman

EDITORIAL PORTAVOZ
P.O. Box 2607
Grand Rapids, Michigan 49501 USA
Visítenos en: www.portavoz.com

ISBN 978-0-8254-1394-0

1 2 3 4 5 / 15 14 13 12 11

Impreso en los Estados Unidos de América
Printed in the United States of America

Contenido

Introducción

Una mujer preguntó a su pastor:

—¿Cree usted que debemos orar hasta por las cosas pequeñas de la vida?

Él contestó:

—¿Se le ocurre que hay *algo* en su vida que sea grande para Dios?

Todos nuestros problemas, ya sean grandes o pequeños, interesan a Dios por igual; nada le parece ni demasiado pequeño ni demasiado grande. Para un campeón olímpico, poco importa si le piden que lleve una pluma o diez.

Isaías señaló que el Dios que creó el sol y las estrellas también es muy capaz de mantenerlos controlados. "¿A qué, pues, me haréis semejante o me compararéis? dice el Santo. Levantad en alto vuestros ojos, y mirad quién creó estas cosas; él saca y cuenta su ejército; a todas llama por sus nombres; ninguna faltará; tal es la grandeza de su fuerza, y el poder de su dominio" (Is. 40:25-26).

En general, todos los cristianos aceptan que Dios es todopoderoso. Pero ¿cómo podemos tener acceso a este potencial para vivir una vida auténticamente cristiana?

Dios está dispuesto a ayudarnos a liberarnos de la esclavitud del pecado y la angustia emocional. El dilema que afrontamos es: ¿Por qué ante todas sus promesas quedamos tan mal parados? ¿Por qué tantos de nosotros somos esclavos de diversas adicciones, vivimos con relaciones desintegradas o simplemente somos derrotados en cada giro de nuestra peregrinación? ¿Por qué?

En nuestra decepción, podríamos concluir que en verdad Dios ha prometido demasiado. Lee un pasaje como el discurso del Aposento Alto (Jn. 13—17) y medita en lo que Cristo dijo a sus discípulos. Él les asegura que ellos no tienen necesidad de temer, que van a recibir una paz sobrenatural y que el Espíritu Santo vendrá a morar en ellos. Y que Dios hará cualquier cosa que pidan.

En agudo contraste con tan increíbles reclamos, nos enfrentamos con toda una letanía de derrotas personales y colectivas dentro de la iglesia creyente. La brecha entre las promesas de Dios y nuestro desempeño parece increíblemente amplia. ¿Acaso Dios ha prometido más de lo que puede cumplir?

Otra posibilidad es que no hayamos tenido suficiente instrucción sobre cómo han de aplicarse las promesas de Dios. Tal vez esperemos que Él nos dé todo lo que le pedimos y olvidemos que existen algunos requisitos bastante estrictos para experimentar la bendición del Padre.

Por eso, debemos acudir al libro de Josué. Josué, más que ningún otro libro, nos enseña lo que tenemos que hacer *nosotros* para ver cumplidas las promesas de Dios. Por un lado, Dios dijo a Josué claramente que la tierra de Canaán era suya; por otro, él tenía que derramar sangre, sudor y lágrimas para reclamar su legado.

El libro de Josué es, en gran medida, una historia de guerras. Tan pronto entraron los israelitas en la tierra, los cananeos comenzaron la batalla. A cada paso que daban, tenían que luchar con enemigos airados. No tuvieron una victoria sin impugnación.

De la misma forma para nosotros, tomar en serio las promesas de Dios es declararles la guerra al mundo, a la carne y al diablo. En el momento mismo en que comenzamos a procurar las bendiciones de Dios, las fuerzas del mal salen de su escondite.

Podríamos ahorrarnos el decepcionarnos de Dios si recordáramos que Él no le cumplió a Josué su palabra en un solo día. De hecho, esperar hasta que el Señor cumpla su Palabra no es la excepción, sino la regla. Abraham no vivió lo suficiente como para ver el cumplimiento de algunas promesas que el Señor le hizo. La Palabra de Dios es completamente confiable, pero tenemos que estar dispuestos a esperar.

Aprenderemos que el camino de Josué a la victoria no fue fácil y que estaba lleno de reveses y amargos desengaños. El mismo Josué cometió errores; y varias veces su pueblo se rebeló y tuvo que retirarse de un territorio que estaba a su alcance. Cuando Josué murió, la guerra no terminó. Todavía quedaban focos de resistencia que seguían acosando a los israelitas.

El propósito de este libro es ayudarnos a entender principios para aplicar las promesas de Dios. Con la Biblia en una mano y nuestro conocimiento de las incoherencias de la naturaleza humana en la otra, esperamos poder *cerrar la brecha entre promesas y desempeño.*

¡Vence el temor al fracaso! no es un comentario del libro de Josué (ya existen muchos excelentes). Tampoco es primordialmente devocional. Más bien es un manual que nos guía por los escollos del crecimiento espiritual, quitándole terreno a Satanás y usándolo para la gloria de Dios.

Para beneficiarte al máximo de este libro, lee el pasaje de las Escrituras citado al principio de cada capítulo.

Es mi oración que mediante el estudio de Josué, todos demos un paso gigante hacia la madurez espiritual. En ese proceso, descubriremos que Dios es todopoderoso y digno de nuestra confianza.

Capítulo 1

El complejo de langosta

Números 13:25-33

Los trastornos de la personalidad se han convertido en una realidad de la vida. Todo el mundo, cristianos y no cristianos por igual, parecen tener uno u otro complejo. Algunos somos introvertidos; otros, extrovertidos. Algunos tal vez sufran de paranoia o esquizofrenia.

Sin embargo, existe un complejo que podría ser el más común de todos: *el complejo de langosta*. Y no hay ningún otro trastorno que pueda paralizar tanto nuestro andar espiritual con Dios.

Doce espías habían ido a la tierra de Canaán a determinar la estrategia militar necesaria para conquistar esa Tierra Prometida. Diez se sintieron amedrentados por el proyecto, pues creyeron que los habitantes estaban demasiado bien fortificados como para ser desarraigados.

Específicamente, la mayoría dijo: "...No podremos subir contra aquel pueblo, porque es más fuerte que nosotros" (Nm. 13:31). Dieron un informe malo, lo cual hizo temblar de temor a miles de los que los oyeron.

Dos de los espías, Josué y Caleb, tranquilizaron al pueblo y les rogaron que disintieran de sus compañeros. Dijeron: "...Subamos luego, y tomemos posesión de ella; porque más podremos nosotros que ellos" (13:30).

Sin embargo, el informe de la mayoría prevaleció (ver Nm. 14:1-4), ya que los diez espías exageraron de manera convincente la dificultad de obedecer a Dios. "…La tierra por donde pasamos para reconocerla, es tierra que traga a sus moradores; y todo el pueblo que vimos en medio de ella son hombres de grande estatura. También vimos allí gigantes, hijos de Anac, raza de los gigantes, y éramos nosotros, a nuestro parecer, como langostas; y así les parecíamos a ellos" (13:32-33).

Fíjate en lo siguiente: los diez espías vieron a los cananeos como *gigantes* y a sí mismos como *langostas*. ¡Con qué facilidad un gigante aplasta a una langosta!

Existen varias razones poderosas por las que toda la nación de Israel adoptó el complejo de langosta:

En primer lugar, los cananeos estaban mejor armados. Mientras Israel tenía unas cuantas estacas de madera, los paganos a quienes debían conquistar tenían caballos y carros y habían dominado el uso del hierro. Militarmente hablando, había una gran diferencia entre los dos antagonistas. Los ejércitos cananeos estaban bien adiestrados y tenían experiencia en guerras. Durante siglos habían peleado entre ellos y habían dominado el arte de la crueldad. Su organización fuerte y sus armas superiores los hacían formidables.

En segundo lugar, los cananeos vivían en ciudades amuralladas, mientras que los israelitas vivían en tiendas. En la guerra, hay una inmensa diferencia entre defender una fortificación y arrancársela al enemigo. Para defender una ciudad amurallada, solo se necesitan unos cuantos soldados; pero por lo general, se necesitan varios cientos más para capturarla.

Literalmente, los israelitas no tenían dónde esconderse.

No había trincheras ni fortificaciones. Para ellos era muy difícil imaginarse que tendrían alguna ventaja si se veían en una guerra abierta.

En tercer lugar, los cananeos eran más grandes físicamente. Sí, había gigantes en la tierra. No sabemos por qué los cananeos eran más altos, pero en realidad habían llegado a ser una raza físicamente superior, y los israelitas palidecían en comparación con ellos.

Visto desde un ángulo, era lógico que el pueblo eligiera el informe de la mayoría. Tenían todo en su contra. ¿Para qué arriesgarse a una muerte casi segura cuando tenían la opción de quedarse en el desierto y que Dios los alimentara?

El único factor que podía cambiar la ecuación de manera significativa era que Dios estaba del lado de los israelitas. Más que eso, el Todopoderoso había hecho una promesa específica: si ellos creían que Él les daría la victoria, la alcanzarían. Una simple fe en Dios cambiaría el equilibro del poder militar. ¿Quién puede prevalecer contra los ejércitos del Todopoderoso?

Sin embargo, *siempre es más fácil ver a los gigantes que ver a Dios.* En presencia de enemigos poderosos, tendemos a subestimar la fidelidad y el poder del Señor.

Adoptamos el complejo de langosta siempre que *nos alejamos de un reto hecho por Dios por temor a carecer de los recursos para enfrentarlo,* o cuando intentamos evitar afrontar un problema que obstaculiza nuestro progreso espiritual.

Hace poco hablé con una mujer que no podía terminar de preparar un currículum vitae para solicitar empleo sin escuchar una voz que le decía que iba a fracasar. Conozco a un hombre que se crió en un hogar, donde para su padre, nada era suficientemente bueno. El hijo vive acosado por el sentimiento de que decepciona a todo el mundo, incluido Dios. Tal como dice él, está "destinado al fracaso". El complejo de langosta.

Los diez espías se vieron gravemente afectados por el complejo de langosta, y el virus se propagó a toda la multitud. Moisés quería un informe sencillo de la buena tierra que se había de conquistar. Lo que obtuvo fue el fruto del temor: la influencia destructora de un mal ejemplo.

¿Cuáles son algunas de las características del complejo de langosta?

Un corazón que duda

La mayoría ruidosa solo pensaba en las muchas razones que tenían para perder en la batalla; no se les ocurría pensar en ninguna razón por la que pudieran ganar. Aunque Dios les había hecho una promesa, no les parecía realista y no la creyeron. "…No podremos subir contra aquel pueblo, porque es más fuerte que nosotros" (Nm. 13:31).

¿Por qué todo ese negativismo? Tal vez pensaron que Dios les había fallado en el pasado. Se acordaron más de las aguas amargas de Mara que de las aguas dulces que a la larga fluyeron del oasis. Se acordaron de que Dios dejó que pasaran sed hasta que le pidió a Moisés que golpeara la roca en Horeb. Luego estaba la guerra con Amalec y más tarde el día aterrador en el que los levitas mataron a tres mil israelitas por causa del becerro de oro.

Incluso más viva en su memoria podía haber estado la reciente disputa sobre el "menú" en el desierto. Se habían cansado del maná y se quejaron de que no comían carne. Dios los castigó concediéndoles el deseo mezclado con juicio (ver Nm. 11:33).

¿Cómo podían confiar en un Dios que los había tratado

con tal severidad? ¿Y si Él se ponía en su contra en medio de la batalla contra los cananeos? Confiar en un Dios invisible para luchar contra un ejército muy visible era pedir demasiado. Además, no tenían ganas de pelear.

A pesar de que podríamos vernos tentados a excusar su falta de fe, Dios no sentía la misma solidaridad. Él interpretó su decisión como un cuestionamiento colectivo de su credibilidad. Aunque perdonó su pecado en respuesta a la oración de Moisés, estaba *muy* enojado: "¿Hasta cuándo oiré esta depravada multitud que murmura contra mí, las querellas de los hijos de Israel, que de mí se quejan?… En este desierto caerán vuestros cuerpos; todo el número de los que fueron contados de entre vosotros, de veinte años arriba, los cuales han murmurado contra mí" (Nm. 14:27, 29).

Dios atribuyó el temor al fracaso de los israelitas a sus corazones endurecidos. Estaba enojado con la generación completa y juró que no entrarían en la tierra. El autor del libro de Hebreos cuenta esta historia y advierte: "Mirad, hermanos, que no haya en ninguno de vosotros corazón malo de incredulidad para apartarse del Dios vivo" (He. 3:12).

Un corazón que duda no es simplemente una falta menor que se pueda pasar por alto como un fallo entre muchos. Dios la llama "corazón malo de incredulidad" y tiene su origen en una rebeldía voluntaria.

¿Cuáles son otras de las características del complejo de langosta?

Una imagen propia distorsionada

Volvamos a leer el informe de los diez espías amedrentados: "También vimos allí gigantes… y éramos nosotros, a nuestro parecer, como langostas; y así les parecíamos a ellos" (Nm. 13:33).

Observa que cuando los espías se vieron a sí mismos como langostas, ¡de inmediato supusieron que los cananeos también los veían como langostas! Todos creemos que los demás nos perciben como nos percibimos nosotros.

Los niños a quienes sus padres les dicen que son tontos, que están destinados al fracaso y que son feos creerán que es así como los ven los demás. La persona que se considera perdedora cree que los otros la ven de esa forma; peor aún, es muy probable que se comporte así. La percepción que tenemos de nosotros mismos es el fundamento sobre el cual edificamos nuestros sueños, sean buenos o malos.

Visto de una forma, la evaluación que hicieron los espías de sí mismos parecía humilde: "¡No somos más que langostas!". Pero la verdad es que no era más que una confesión de su propia incredulidad; era un insulto a Dios. ¿Por qué debe una persona que confía en el Todopoderoso verse como una langosta?

Es interesante notar que los espías estaban equivocados cuando dijeron que los cananeos los veían como langostas. En realidad, los cananeos estaban muertos de miedo. Treinta y ocho años después, cuando los israelitas finalmente hicieron planes en serio para entrar en la tierra, otra generación de espías fue a Jericó y se comunicó con Rahab, la ramera. Puesto que ella trabajaba en el burdel de la ciudad, sabía lo que pensaban los ciudadanos de los israelitas. Rahab informó: "Sé que Jehová os ha dado esta tierra; porque el temor de vosotros ha caído sobre nosotros, y todos los moradores del país ya han desmayado por causa de vosotros" (Jos. 2:9).

Lejos de ver a los israelitas como langostas, ¡los cananeos los veían como gigantes! Estaban aterrados y se preguntaban por qué habrían tardado tanto los israelitas en reclamar su herencia. Rahab entendía las cosas incluso mejor que los israelitas informados, pues prosiguió diciendo que Jericó había escuchado hablar de los milagros que Dios había hecho: "Oyendo esto, ha desmayado nuestro corazón; ni ha quedado más aliento en hombre alguno por causa de vosotros, porque Jehová vuestro Dios es Dios arriba en los cielos y abajo en la tierra" (Jos. 2:11). Ella sabía quién era Dios, incluso cuando el pueblo de Dios tenía sus dudas.

Si nosotros vemos a Satanás como invencible, *lo será*. Sin embargo, no podemos ver a Satanás por quien es realmente hasta que veamos a Dios por quien es Él… y a nosotros por quienes somos en Cristo. Los cristianos debemos vernos en Cristo como perdonados, aceptados, ascendidos y victoriosos. Entonces veremos a Satanás derrotado y totalmente dentro del alcance de nuestra artillería espiritual. Independientemente de las paredes detrás de las que se esconde, Satanás puede ser derrotado y destronado.

El complejo de langosta nos hace sentir inferiores ante situaciones e incluso personas que, con la autoridad de Dios, podemos confrontar. Igual que el reflejo de un espejo doblado, distorsionamos nuestra imagen, la de nuestros enemigos, nuestros desafíos y hasta nuestro Dios.

Y eso no es todo.

El doble ánimo

Los que se ven a sí mismos como langostas cambian su enfoque constantemente en busca de una estrella polar que puedan seguir. A veces piensan en las promesas de Dios, pero esos momentos dan paso a los supuestos beneficios de la incredulidad. Mantienen un ojo en el mundo y un ojo cambiante en Dios.

Cuando el pueblo escuchó el informe de los diez espías, cayeron en un pantano emocional. Lloraron toda la noche y se quejaron contra Moisés y Aarón diciendo: "…¡Ojalá muriéramos en la tierra de Egipto; o en este desierto ojalá muriéramos!" (Nm. 14:2).

El próximo paso era nombrar a un capitán que los regresara a Egipto. Y cuando Josué y Caleb intentaron persuadir al pueblo para que abandonara esos planes y siguiera creyendo que el Todopoderoso le daría la victoria, la congregación respondió diciendo que esos dos optimistas debían ser apedreados. ¡Hasta ahí llegaban los beneficios de la fe!

Huelga decir que el pueblo olvidó, para su conveniencia, que su estancia en Egipto no había sido totalmente agradable. No se acordaban de la esclavitud, los azotes y las muertes fuera de tiempo de sus parientes y amigos. Más bien hablaban de la seguridad que Egipto les ofrecía. Con un pie en el desierto y otro en aquella nación, no tenían pies que los entraran en la Tierra Prometida.

Santiago nos recuerda cómo debe ser nuestra petición de sabiduría: "…con fe, no dudando nada; porque el que duda es semejante a la onda del mar, que es arrastrada por el viento y echada de una parte a otra. No piense, pues, quien tal haga, que recibirá cosa alguna del Señor. El hombre de doble ánimo es inconstante en todos sus caminos" (Stg. 1:6-8). El doble ánimo se manifiesta en todos los aspectos de la vida.

Los israelitas fueron sacados de Egipto para que entraran en Canaán. En ese momento, se encontraban suspendidos entre aquellos dos acontecimientos, temerosos de seguir adelante y, al mismo tiempo, incapaces de regresar. Puesto que ninguna de las dos opciones era una posibilidad verdadera, estaban condenados a deambular en tierra de nadie. Fueron enviados al desierto hasta que todos los adultos (a excepción de Josué y Caleb) hubieran muerto.

Me han dicho que los griegos hacían una carrera en la cual un hombre ponía un pie en un caballo y otro pie en un segundo caballo. El hombre podía montar así siempre y cuando los caballos permanecieran juntos, pero cuando comenzaban a separarse, él tenía que tomar una decisión.

El doble ánimo es una de las causas principales del complejo de langosta. El ojo que cambia su enfoque entre Dios y el mundo carecerá de estabilidad cuando dé pasos confiados en busca de nuevos horizontes para la gloria de Dios.

El deseo de seguridad

Otra motivación de la multitud israelita era el *temor*, el temor a fracasar en la batalla. Creyeron, contrariamente a las promesas de Dios, que todos morirían. ¡Cualquier cosa es mejor que la muerte!

El argumento de permanecer en el desierto parecía inexpugnable: *si no peleaban, ¡no podían perder!* La opción estaba entre vivir en el desierto ya conocido o arriesgarse a la posibilidad de ser aplastados por un enemigo desconocido. Los cananeos probablemente no iban a dejar sus ciudades amuralladas para acosar a los israelitas en un desierto inhóspito. Por tanto, si los israelitas simplemente se negaban a aceptar el reto de la batalla, no tendrían que lidiar con el temor al fracaso.

Muchas veces criticamos a Pedro, el cual comenzó a

hundirse cuando estaba caminando sobre las aguas para ir hacia Jesús. Lo reprendemos por quitar la mirada de Cristo. Sin embargo, debiéramos halagarlo porque al menos estuvo dispuesto a correr el riesgo de salir de la barca e intentar caminar sobre el agua. Aunque vaciló en el proceso, corrió el riesgo de confiar en que Cristo haría un milagro. Los demás hombres no corrían el peligro de ahogarse porque fueron a lo seguro y se quedaron en la barca.

Algunas personas evitan el fracaso solo porque no tienen una buena oportunidad de fracasar. Van a lo seguro y no corren ningún riesgo. Para ellos la seguridad tiene una prioridad tan alta que preferirían no hacer nada antes que intentar algo que pudiera salir mal.

El desprecio de la debilidad

Es posible que los israelitas pensaran que debían esperar hasta que fueran tan fuertes como los cananeos antes de ir a la guerra contra ellos. Pero Dios no quería que ellos fueran fuertes. Estaba muy dispuesto a que ellos siguieran siendo débiles para que Él compensara sus deficiencias. Ya habría un momento para estrategias y fortaleza, pero la fe en sus promesas era todavía más importante.

Muchas veces hablamos de una "fuerza que viene de Dios", pero también debemos estar familiarizados con la "debilidad que viene de Dios". Cuando Él quiso usar a Pablo de una manera más grandiosa, le dio un "aguijón en la carne". Cuando Pablo oró para que Dios se lo quitara, recibió la respuesta de que la gracia divina sería suficiente. Así, Pablo contestó: "Por lo cual, por amor a Cristo me gozo en las debilidades, en afrentas, en necesidades, en persecuciones, en angustias; *porque cuando soy débil, entonces soy fuerte*" (2 Co. 12:10, cursivas añadidas).

Jacob fue debilitado físicamente por Dios la víspera de su encuentro con su hermano Esaú, con quien estaba distanciado. Veinte años antes había hecho daño a su hermano y ahora esperaba hostilidad, tal vez hasta una pelea. Dios tocó el encaje del muslo del patriarca para que él enfrentara a su hermano cojeando (ver Gn. 32:22-32). Nada lo hubiera obligado tanto a confiar en Dios como ser débil en el mismo momento en que necesitaba ser fuerte. Por naturaleza, pocas veces confiamos en Dios *a menos que tengamos que hacerlo.*

No debemos despreciar las debilidades, pues son un don de Dios. En su lugar, debemos poner las promesas divinas: al Señor le encanta usar esas debilidades para llevar nuestra atención a Él.

¿Es de sorprenderse, pues, que Moisés dijera después a su pueblo que los que tuvieran miedo de ir a la batalla debían quedarse en casa? Los sacerdotes, dijo Moisés, debían calmar a las personas y recordarles que, puesto que el Señor estaba con ellos, no debían dejarse dominar por el pánico. "Porque Jehová vuestro Dios va con vosotros, para pelear por vosotros contra vuestros enemigos, para salvaros" (Dt. 20:4). Pero a los temerosos, los oficiales debían decir: "¿Quién es hombre medroso y pusilánime? Vaya, y vuélvase a su casa, y no apoque el corazón de sus hermanos, como el corazón suyo" (Dt. 20:8). Es mejor quedarse en casa que propagar temor entre los que se están preparando para confiar en Dios para obtener la victoria. ¡El temor es contagioso!

El complejo de langosta tiene remedio. Es unirse a los que tienen el valor de tomar sus recursos y *añadir a Dios.* Ante un claro mandato de parte de Dios, podemos avanzar y reclamar el territorio que Él nos ha asignado.

Cómo identificar nuestro propio complejo

Todos nos hemos visto en estas descripciones del complejo de langosta. Todos nos hemos acobardado ante la voluntad de Dios porque nos sentimos abrumados por nuestras inseguridades y temores. Hemos creído que Él nos ha dado una carga demasiado pesada para llevar.

Tengo entendido que cuando las tropas estadounidenses llegaron a uno de los campos de concentración de Alemania, algunos de los prisioneros no se regocijaron. Salieron de los cuarteles, escucharon las buenas nuevas y luego regresaron en silencio a sus inhóspitas celdas. Se habían acostumbrado tanto al confinamiento y el abuso ¡que temían la libertad!

El fracaso causa adicción. Si tenemos una cadena de fracasos en el pasado, puede que nos avergoncemos ante el reto del crecimiento y la victoria espirituales. El complejo de langosta nos hace estar contentos con la mediocridad y la esterilidad espiritual. Hacer caso omiso a las barreras que hay entre nosotros y el crecimiento espiritual, al principio parece más seguro, pero no es nada provechoso.

Pensemos por un momento en el "territorio" que a lo mejor Dios quiere que heredes y en la "ciudad amurallada" que hay entre tú y tu herencia:

- la angustia de un matrimonio malo;
- la amargura del daño que te han hecho;
- el temor de hacer amistades por causa de abusos pasados;
- adicciones compulsivas ocultas que te roban toda la energía emocional y espiritual;
- amistades quebrantadas;

- mala salud;
- el temor al fracaso, que te causa inestabilidad.

Los obstáculos que existen entre tú y tu tierra prometida pueden parecer formidables. En medio de tu depresión, tal vez no puedas ni siquiera pensar en la posibilidad de demoler los fuertes. En pocas palabras, la integridad emocional y espiritual puede parecer imposible.

No te desalientes. Alguien ha dicho que *si no te han llamado a hacer algo imposible, nunca te han llamado.*

Otro hombre dijo: "Dios recibe honra cuando elegimos una tarea tan grande que si Él no se hace cargo de ella, ¡no se puede llevar a cabo!". Todo el que haya seguido al Señor ha tenido que correr algunos riesgos, humanamente hablando. Nadie puede llegar a la cima de una montaña por el camino de menor resistencia.

Quizás te sientas descorazonado por causa de decepciones pasadas. Recuerdas cuando te armaste de las promesas de Dios, pero Él, aparentemente, no te respondió. Tienes miedo de confiar en Él porque crees que te abandonó en el momento de tu necesidad.

Eso también les sucedió a los israelitas. Después de todo, hicieron un esfuerzo más bien valiente para tomar la tierra, pero fueron derrotados fácilmente como langostas. Averigüemos por qué.

Capítulo 2

Cuando la fe no da resultado

Números 14:39-45;
Deuteronomio 1:41-46

¿Es posible fracasar mientras uno se está apoyando en Dios? Antes de decir que no, lee lo siguiente.

Dejamos a los israelitas a la puerta de la Tierra Prometida, temerosos de entrar. Dijeron que sería mejor regresar a Egipto que afrontar el reto de conquistar Canaán. Lloraron mientras escuchaban a Moisés emitir este juicio de parte de Dios: "Diles: Vivo yo, dice Jehová, que según habéis hablado a mis oídos, así haré yo con vosotros. En este desierto caerán vuestros cuerpos; todo el número de los que fueron contados de entre vosotros, de veinte años arriba, los cuales han murmurado contra mí" (Nm. 14:28-29).

Fue una larga noche. El pueblo se lamentó mucho; el solo hecho de pensar en no ver la tierra con la que habían soñado era un duro golpe. ¿Qué valor tendrían sus vidas en el inhóspito y caluroso desierto? A sus peregrinaciones sin sentido, se añadirían treinta y ocho años (para hacer un total de cuarenta; ver Dt. 2:14; ver además Nm. 14:34). Y estaban destinados a morir en el desierto, a que sus huesos fueran blanqueados por el sol.

Algunos de los israelitas reconsideraron su decisión original y decidieron conquistar la tierra después de todo, lo cual es muy comprensible. Se dieron cuenta de lo equivocados que habían estado al verse a sí mismos como *langostas* en medio de *gigantes*; entonces decidieron verse como *gigantes* en medio de *langostas*. Ellos mostrarían su bravura; Dios estaría con ellos, tal como prometió.

Pero no sería así.

Leemos: "Y se levantaron por la mañana y subieron a la cumbre del monte, diciendo: Henos aquí para subir al lugar del cual ha hablado Jehová; porque hemos pecado" (Nm. 14:40). A pesar de una severa advertencia por parte de Moisés de que no se embarcaran en esa valiente empresa militar, siguieron adelante con sus nuevos planes. Mejor tarde que nunca.

La historia continúa: "Sin embargo, se obstinaron en subir a la cima del monte; pero el arca del pacto de Jehová, y Moisés, no se apartaron de en medio del campamento" (v. 44). Aunque Moisés y el arca se quedaron atrás, pensaron que Dios, por supuesto, estaría con ellos. ¿De qué sirven sus promesas si Él no las cumple? Finalmente iban a poder compensar sus malas obras.

Sin embargo, a pesar de su valentía y aparente fe, leemos este informe: "Y descendieron el amalecita y el cananeo que habitaban en aquel monte, y los hirieron y los derrotaron, persiguiéndolos hasta Horma" (v. 45). *¡Fueron derrotados como langostas!*

Muchos años después, Moisés volvió a contar estos acontecimientos y añadió imágenes muy vivas. Dijo que el pueblo se había comportado de manera presuntuosa y describió lo sucedido: "Pero salió a vuestro encuentro el amorreo, que habitaba en aquel monte, y os persiguieron como hacen las avispas, y os derrotaron en Seir, hasta Horma. Y volvisteis y llorasteis delante de Jehová, pero

Jehová no escuchó vuestra voz, ni os prestó oído" (Dt. 1:44-45).

Recuerdo una vez que mi padre estaba huyendo de un enjambre de abejas. ¡No podía correr lo suficiente! Es así como se veían los israelitas cuando intentaron tomar territorio para Dios. ¿Dónde estaban las promesas del Señor? ¿Por qué los abandonó en su hora de necesidad? ¿Por qué permitió que su pueblo fuera humillado en presencia de los paganos?

Aunque aparentemente ellos habían cambiado la percepción propia que tenían y fueron a esta batalla como gigantes, fueron derrotados fácilmente como langostas. La evaluación que hicieron originalmente de su tamaño parecía correcta.

Pocas veces oímos hablar hoy día del pecado de la arrogancia. Al igual que los israelitas, tendemos a precipitarnos en situaciones pensando que sabemos exactamente de antemano lo que Dios quiere que hagamos. Puede que hasta oremos, pidiéndole que bendiga nuestros planes. Tal vez reclamemos un pasaje de las Escrituras y esperemos que Dios haga lo que nosotros creemos que debe hacer. Y sin embargo, al final somos derrotados, aplastados por el enemigo. La batalla no es ni remotamente justa. ¿Dónde nos equivocamos?

Existen diferentes clases de arrogancia. Una se refiere al pecado de *retar al Todopoderoso* de manera deliberada. Sin duda alguna, todos hemos planeado pecar en algún momento con la intención de confesarlo después. En Números 15:30 leemos: "Mas la persona que hiciere algo con soberbia, así el natural como el extranjero, ultraja a Jehová; esa persona será cortada de en medio de su pueblo". La expresión *con soberbia* es sinónimo de "la mano alzada", es decir, una persona que ha levantado la mano contra el Todopoderoso en abierta rebeldía. Generalmente, esa clase de arrogancia implica pecar con pleno conocimiento.

Existe una segunda clase de arrogancia: la *aplicación negligente de las promesas y la voluntad de Dios.* Con facilidad podemos hacer lo que nos parece bueno sin consultar con Dios en oración ni en su Palabra.

En este punto, debo distinguir entre las promesas que tienen que ver con la salvación y las que hablan de la vida cristiana y la victoria. Es preciso decir claramente que los que acuden a Cristo confiando en Él siempre reciben el don de la vida eterna (ver Jn. 3:36). Dios contesta *de inmediato* la oración de la persona que entiende que la muerte de Cristo fue un sacrificio por los pecadores y por ende acepta humildemente ese regalo. Hay un solo condicionante para recibir la promesa de la salvación: la fe.

Las promesas que tienen que ver con la vida cristiana son igualmente ciertas y, por tanto, igualmente dignas de nuestra confianza. Sin embargo, aunque también las recibimos por fe, su aplicación podría tomar tiempo, podría necesitarse oración, y tal vez haya conflictos. Y a veces, es posible que nuestra fe pase por grandes pruebas cuando intentamos experimentar ese poder.

Y lo que es más, es posible usar esas promesas de manera presuntuosa, es decir, sin considerar las interpretaciones y las condiciones que tienen.

Eso fue lo que les sucedió a los israelitas. Creyeron que tenían una promesa en sus manos, pero no lograron que Dios la honrase. Aunque demostraron bravura y coraje, Él los decepcionó.

¿Por qué no les dio resultado la promesa?

Una mala interpretación

El Señor hizo una promesa a Moisés: "Envía tú hombres que reconozcan la tierra de Canaán, la cual yo doy a los hijos de Israel…" (Nm. 13:2).

Es interesante notar que Dios no dijo exactamente *cuándo* daría la tierra a los hijos de Israel, aunque la implicación era que podía suceder tan pronto como los espías regresaran con un informe favorable. Sin embargo, cuando los israelitas aceptaron el informe de la mayoría, las circunstancias cambiaron.

¡Qué diferencia de un día a otro! Dios les había dado un nuevo mandato, a saber, vivir en el desierto durante treinta y ocho años más. Aquel era un nuevo ciclo con un nuevo plan. La promesa original de Dios se cumpliría, pero en otro momento, con una generación diferente.

Algunos cristianos se han sentido decepcionados con Dios porque han tomado pasajes que no se aplican a ellos y han insistido en que Él cumpliera esas promesas.

En primer lugar, este error se puede cometer al aplicar una promesa a un período equivocado. Por ejemplo, hay pasajes que enseñan que Cristo murió para redimir nuestro cuerpo y nuestra alma (ver Is. 53:4-5; y también Mt. 8:17). Algunas personas interpretan que esos versículos dicen que podemos tener sanidad física siempre que la deseemos. Sin embargo, eso no tiene en cuenta que la Biblia también enseña que no veremos el cumplimiento de esos aspectos de la redención hasta que resucitemos en gloria (ver 1 Co. 15:42-54). Así como Cristo vino a redimirnos del pecado, pero todavía tenemos una naturaleza pecaminosa, así el precio por nuestros cuerpos nuevos ha sido pagado, pero no disfrutaremos de ellos hasta que seamos transformados en el arrebatamiento.

En resumidas cuentas, no podemos insistir en que Dios nos sane siempre que estemos enfermos (aunque a menudo lo hace). Las personas que reclaman sanidad en todos los casos e insisten en que Dios tiene que ser fiel a su promesa, generalmente, se sienten traicionadas. Creen que Dios ha sido infiel, pero en realidad ellos han interpretado que Él ha prometido más en esta era de lo que realmente ha hecho. Así, a veces los creyentes han ordenado a Dios, con arrogancia, que sane o haga un milagro, como si Él se hubiera puesto a nuestra entera disposición.

Es interesante notar que Juan el Bautista evidentemente cayó en el error de interpretar mal el tiempo en que se aplicaría una promesa. Mientras se encontraba en la cárcel, sin duda alguna recordó la profecía de Isaías de que cuando el Mesías volviera, iba a "…a publicar libertad a los cautivos, y a los presos apertura de la cárcel" (Is. 61:1). No obstante, Juan estaba en la cárcel, y su primo, que decía ser el Mesías, no hacía nada. Por eso Juan envió una delegación a Cristo para preguntarle: "…¿Eres tú aquel que había de venir, o esperaremos a otro?" (Mt. 11:3).

Al responderle, Jesús le recordó a Juan los milagros que ocurrían y luego agregó: "Y bienaventurado es el que no halle tropiezo en mí" (v. 6). Juan cometió el mismo error que cometen los que creen que Dios siempre está obligado a sanarnos. Interpretó mal el tiempo y la aplicación de esa promesa. La profecía de Isaías se cumplirá totalmente solo cuando Cristo regrese en gloria y establezca su reino.

Un segundo tipo de interpretación errada es cuando vamos más allá de las promesas de la Biblia y ponemos palabras en la boca de Dios. Los que caen en ese error dejan implícito que el Señor ha hecho promesas acerca de cuestiones que ni siquiera están en su Palabra.

Algunos escritores enseñan que podemos obtener lo que queramos de Dios. Si lo reclamamos, Dios lo hará para nosotros. "Cuando usted confiesa que Jesús es el mejor hombre de negocios del mundo, es asombrosa la cantidad de dinero que Él ganará para usted", escribe Norvel Hayes en *How to Live and Not Die* [Cómo vivir y no morir], (Tulsa: Harrison House, p. 26). ¡Imagínese! ¡Un Dios que ganará dinero para nosotros si tenemos la actitud de corazón correcta y hacemos la "confesión" correcta!

Ese escritor escribe además: "Si usted cree que Dios no lo va a sacar de la silla de ruedas o que Dios podría optar por no sanarlo, tiene la mente defectuosa. ¡Hay que dinamitarla!" (p. 65). Es decir que Jesús se convierte en cualquier cosa que queramos: hombre de negocios, sanador, milagrero.

Esa mentalidad hizo que Satanás tentara a Cristo: "...Si eres Hijo de Dios, échate de aquí abajo; porque escrito está: A sus ángeles mandará acerca de ti, que te guarden; y, en las manos te sostendrán, para que no tropieces con tu pie en piedra" (Lc. 4:9-11). Cuando citó el Salmo 91:11-12, Satanás omitió, porque así le convenía, parte de la frase: "...Que te guarden *en todos tus caminos*" (cursivas añadidas). Aquella era una promesa para los que estaban siendo guiados por Dios, no una invitación para que cualquiera le obligara a hacer un milagro saltando del pináculo del templo y luego haciéndolo responsable si no se producía un rescate dramático. Jesús contestó con otro pasaje de las Escrituras: "...No tentarás al Señor tu Dios" (Lc. 4:12).

Con un abandono negligente, algunas personas empiezan a reclamar esto o aquello, e insisten en que Dios está obligado a responder. Luego, cuando no sucede, tratan de encontrar alguna razón (por lo general, falta de fe o el pecado de alguien) para explicar por qué no recibieron las bendiciones prometidas.

Lo que estoy tratando de decir no es que Dios ya no hace milagros hoy, porque sabemos que sí los hace. Pero es presuntuoso insistir en que podemos ordenarle que haga cualquier cosa que creamos que Él debe hacer.

Claro está que los creyentes comprometidos oran "sin cesar" y llevan todos los detalles al trono de Dios. A veces, Dios podría darnos la fe para que confiemos en Él para obtener el dinero que necesitamos, un trabajo mejor o sanidad. Pero como no ha prometido esas cosas, debemos dejarle tomar todas las decisiones finales. No debemos pensar que Él tiene la obligación de contestar según nuestros deseos.

La regla número uno para aplicar las promesas de Dios es que *estemos seguros de reclamar una promesa que claramente es para nosotros* (de las cuales hay muchas). Las peticiones que van más allá de lo que Dios ha dicho pueden ser contestadas por Él o no.

Una mala actitud

Lee este pasaje y dime si los israelitas estaban viviendo en completa sumisión a Dios: "Y se levantaron por la mañana y subieron a la cumbre del monte, diciendo: Henos aquí para subir al lugar del cual ha hablado Jehová; porque hemos pecado" (Nm. 14:40).

Ellos admitieron su pecado; lo mencionaron casualmente. Pero parecía bastante trivial, puesto que Dios los había perdonado. Así que dijeron: "Hemos pecado, *pero…*".

Recordemos que cuando el rey Saúl desobedeció el claro mandato de exterminar a los amalecitas, él respondió: "…Yo he pecado; pero te ruego que me honres delante de los ancianos de mi pueblo…" (1 S. 15:30).

Todos hemos escuchado confesiones como esa, ¿no es cierto?

"He pecado, *pero* todo el mundo lo hace".

"He pecado, *pero* nadie más lo sabe".

"He pecado, *pero* fui tentado más allá de mis fuerzas".

"He pecado, *pero* fíjate en lo que él me hizo".

No quiero decir con eso que los hijos de Israel no fueran perdonados, porque lo fueron. Pero su comentario más bien casual sobre su pecado demostró que no estaban dispuestos a aceptar la disciplina que Dios había prescrito para ellos. Pensaron que las consecuencias de su desobediencia debían quedarse atrás, porque estaban perdonados.

Supusieron que la bendición de Dios iría con ellos, incluso si no se habían sometido a su autoridad. Sin embargo, tal como hemos aprendido, las promesas que conciernen a la vida victoriosa y fructífera, promesas que hablan de entrar en nuestra tierra de Canaán, siempre exigen sumisión, conflicto y perseverancia.

Por ejemplo, todos hemos escuchado esta promesa: "Resistid al diablo y huirá de vosotros". Pero muchas veces no leemos el versículo completo: "Someteos, pues, a Dios; resistid al diablo, y huirá de vosotros" (Stg. 4:7). El grado de nuestra sumisión a Dios determinará el grado de nuestra capacidad para resistir al diablo.

Los discípulos recibieron autoridad sobre todos los demonios (ver Lc. 9:1), y sin embargo, en el mismo capítulo, unos días después, se encontraron con un demonio que no pudieron echar fuera (v. 40). Cristo vinculó lo sucedido con la incapacidad de ellos de aplicar su promesa y la incredulidad. Y además Mateo registra que Él les dijo: "Pero este género no sale sino con oración y ayuno" (Mt. 17:21). La fe es siempre el ingrediente indispensable para aplicar las promesas de Dios. No obstante, nuestra fe se edifica mediante las disciplinas internas del alma, tales como la oración, la entrega y el ayuno. No podemos dar por sentadas las promesas de Dios.

La regla número dos para aplicar las promesas divinas es *que estemos totalmente entregados a Dios en todo aspecto de nuestra vida.*

Una motivación mala

¿Cuál era la motivación de los israelitas al cambiar su renuencia anterior a conquistar la tierra? Aunque no se dice claramente, parece que pensaron que ese acto heroico haría que Dios cambiara la severa disciplina que había ordenado. Tal vez razonaron que Dios iba a decir: "Bueno, yo les dije que no podían entrar en la tierra, pero parecen tan decididos que voy a cambiar de parecer y, después de todo, los ayudaré a conquistarla".

Piensa en la cantidad de veces en que oramos a Dios con el único propósito de evitar una molestia personal. Esa clase de oración puede agradarle únicamente si nuestros deseos están sujetos a una motivación más alta, a saber, la gloria de Dios. Tal como dijo Cristo: "Y todo lo que pidiereis al Padre en mi nombre, lo haré, para que el Padre sea glorificado en el Hijo" (Jn. 14:13).

Una característica de la sumisión total es nuestra disposición a soportar dificultades (sí, eso incluye dolor) si Dios se glorifica con ello. Si no, pregúntale a Cristo en Getsemaní si siempre es la voluntad de Dios que evitemos el dolor. El ejemplo que todos debemos imitar es: "mas no lo que yo quiero, sino lo que tú".

Los israelitas debieron haber estado dispuestos a aceptar el juicio de Dios sobre ellos, por muy decepcionante y duro que haya sido. Los creyentes comprometidos dicen: "Que Dios haga lo que quiera".

¿Cuántas veces, cuando estamos orando por alivio del sufrimiento, nos preguntamos lo que Dios podría querer enseñarnos en nuestras pruebas? Más bien, igual que niños en una tienda de dulces, señalamos a una serie de opciones atractivas en espera de obtener lo que queremos ahora mismo.

La regla número tres para aplicar las promesas de Dios es que *nuestras motivaciones sean puras*; debemos procurar solamente la gloria de Dios. El ojo de la fe ve más allá de la promesa a los propósitos del Padre. En definitiva, toda oración debe estar sujeta a la voluntad de Dios.

Tal como veremos en los siguientes capítulos, el Señor demostró su fidelidad para con Israel de muchas maneras diferentes. Ni una sola de sus promesas dejó de cumplirse, aunque era preciso pagar un precio. Los privilegios conllevan responsabilidades.

Cómo afrontar el futuro

En Columbia Británica, a unos ochocientos kilómetros al nordeste de Vancouver, el río Fraser se divide en dos corrientes: una se dirige hacia el Este, al océano Atlántico, y la otra al Oeste, al Pacífico. Una vez que el agua se ha dividido, el rumbo queda fijado. La bifurcación en el río se conoce como la Gran Divisoria.

Los israelitas, en un acto de cobardía, tomaron una decisión que no se podía cambiar. Iban a ser acosados por el recuerdo de que habían perdido una oportunidad increíble.

En su novela *La caída*, el filósofo francés Albert Camus cuenta una anécdota aterradora de un hombre que tuvo que vivir con un remordimiento acosador porque no rescató a una mujer del suicidio. He aquí un resumen de lo que sucedió:

Esa noche de noviembre en particular, él regresaba a la ribera occidental; era más de medianoche, y caía una llovizna fina. Al llegar al puente, pasó junto a una figura que se inclinaba sobre la baranda y parecía mirar el río fijamente. Distinguió la figura delgada de una mujer vestida de negro… y un momento después, escuchó el ruido de un cuerpo que golpeaba el agua. Cuando se dio la vuelta, escuchó el grito de auxilio, el cual se repitió varias veces y luego cesó. El silencio pareció interminable. Quería correr, pero no se movió. Se dijo a sí mismo que tenía que actuar rápidamente, pero entonces, una debilidad irresistible se apoderó de él. "Demasiado tarde… demasiado lejos…", se dijo, y luego se alejó bajo la lluvia y no informó a nadie.

Esa falta de valor en el río Sena de París acosó al hombre de tal manera que no se podía alejar del río, independientemente de adónde viajara en el mundo. El agua en movimiento lo esperaba por doquier. En la última página de la novela, él vuelve a la escena de su cobardía y grita a la noche y al río: "¡Ay, muchacha! Vuélvete a tirar al río para yo tener una segunda oportunidad de salvarnos *a los dos*" (*The Fall* [*La caída*], Nueva York: Alfred A. Knopf, 1982, p. 147. Publicado en español por Debate).

Se ha dicho que "todos los días nos preparamos, de maneras pequeñas pero importantes, para ese momento en la vida en que moriremos una vez por valor, o viviremos para morir mil veces como cobarde".

Contentos o no, los israelitas habían tomado su decisión. En Cades-barnea eligieron el camino de la cobardía, y luego tuvieron que vivir con las consecuencias que Dios les trazó. Regresar al ayer era imposible. Dios no iba a darle otra oportunidad a esa generación. Nunca iban a poder demostrar su valentía; no verían la querida tierra.

¿Significaba eso que habían perdido su razón de vivir? No, *mil veces no*. Aunque su futuro en la tierra estaba arruinado, sus vidas no lo estaban. Ellos tenían la oportunidad de llegar a conocer a Dios en el desierto. Él podía ser para ellos tan preciado como ellos desearan.

Dios está más interesado en lo que *somos* que en dónde vivimos o incluso en lo que logramos; todavía quedaba una vida por vivir y sueños que cumplir. Allá, en el desierto, iban a experimentar la provisión y el cuidado del Padre. Él no los iba a abandonar solo porque habían elegido el camino equivocado.

Las restricciones geográficas impuestas por Dios no exigían restricciones espirituales comparables. A pesar de que nunca verían el poder divino en la conquista de sus enemigos, podían amar y adorar al Todopoderoso en el desierto. Si ellos tenían la fe de verlo, había muchas razones para tener esperanza.

Es posible que algunos de los que leen este libro hayan tomado malas decisiones que son imposibles de rectificar. Quizás has tomado el rumbo equivocado, y no hay esperanza de regresar al camino principal. Tal vez hayas pasado tu propio Cades-barnea. Pero eso no significa que tengas que verte como langosta por el resto de tu vida. Hay oasis en tu desierto que esperan ser hallados.

No obstante, en un sentido más amplio, ningún cristiano que vive hoy es excluido de la tierra prometida espiritual. Podemos disfrutar de nuestra tierra prometida a pesar de las malas decisiones y de los errores del pasado. Hay un mundo que explorar, una relación que alimentar. Dios todavía está esperando para mostrarse fuerte a favor de los que le temen. "Jehová está en medio de ti, poderoso, él salvará; se gozará sobre ti con alegría, callará de amor, se regocijará sobre ti con cánticos" (Sof. 3:17).

No conozco tu necesidad específica, pero te puedo asegurar que "…todas las cosas que pertenecen a la vida y a la piedad nos han sido dadas por su divino poder, mediante el conocimiento de aquel que nos llamó por su gloria y excelencia" (2 P. 1:3). Dios está tan preparado para ayudarnos a afrontar nuestras malas decisiones como lo estaba para ayudar a los israelitas a afrontar las suyas.

¿Cómo podemos aprovechar esos recursos? Enlazamos nuestros brazos con Dios cuando aceptamos lo que Pedro llama "preciosas y grandísimas promesas" (ver v. 4). La brecha entre la parte de Dios del acuerdo (las promesas) y nuestra parte (nuestro desempeño) debe reducirse. Cuando se somete a Dios a prueba, Él es hallado fiel.

¿Cuáles promesas nos pertenecen? ¿Cuánto debemos confiar en Dios? ¿Cómo aplicamos las promesas de manera que salgamos de nuestra rutina, esa prisión del alma que empaña todo lo que hacemos? ¿Cómo podemos superar el complejo de langosta?

Vamos a abordar estas preguntas en los siguientes capítulos.

Capítulo 3

Cómo escuchar la voz correcta

Josué 1

En el ejército, la lección más importante que uno aprende es escuchar y obedecer al comandante. Se supone que él sabe más que tú y que tiene una estrategia que da resultado. No es importante que entiendas las razones; la clave es que obedezcas sus mandatos explícitos.

Por tanto, el sistema de comunicaciones es crucial en el momento en que comienza la guerra. La debida comunicación emisor-receptor inspira valor, proporciona guía y unifica el ataque. Si los soldados no tienen comunicación con el cuartel general, se aíslan y se confunden.

Por esta razón, el enemigo o bien trata de interceptar los mensajes, o envía señales equivocadas a los soldados. El resultado es que ellos no escuchan nada o son confundidos.

Hay muchos cristianos hoy día que están tratando de librar batallas con su equipo de comunicaciones en mal estado. No están en contacto diario con Dios y por ende sufren de decepción y fatiga espiritual. En efecto, se encuentran librando su propia batalla sin dirección ni confianza.

O, peor aún, estos creyentes están escuchando el consejo del enemigo; están escuchando las señales erradas. Están escuchando lo que los cananeos susurran detrás de las paredes en vez de escuchar los gritos de Dios desde el cielo.

Dios sabía que si Josué y sus soldados iban a conquistar una serie de fortificaciones paganas, tendrían que mantenerse en contacto constante con el cuartel general. No debían planear nunca un ataque sin consultar con el Comandante en Jefe.

La descripción de funciones de Josué era bastante clara: "Mi siervo Moisés ha muerto; ahora, pues, levántate y pasa este Jordán, tú y todo este pueblo, a la tierra que yo les doy a los hijos de Israel" (Jos. 1:2). A Moisés se le había prohibido guiar a la nación a la Tierra Prometida, y ya había muerto. Su sucesor recibió esa formidable responsabilidad.

Josué tenía que motivar al pueblo a la acción, el cual había vivido en relativa paz durante cuarenta años. No había enemigos grandes en el desierto. Pero eso tendría que cambiar: *la guerra era inevitable.*

Sin embargo, la guerra no era lo único para lo que él tenía que prepararse. Recuerda que el pueblo no tenía que trabajar arduamente en el desierto. No habían sembrado cosecha ni regado ningún huerto. No tenían que sacar hierba mala ni edificar muros. Dios había provisto todo lo que necesitaban enviando maná cada mañana. Se habían acostumbrado a una vida cómoda.

Pablo dijo que él aprendió a contentarse cualquiera que fuera su situación (ver Fil. 4:11). Esa es, ciertamente, una meta admirable. Sin embargo, hay una clase de contentamiento que es destructora. Podemos contentarnos con la mediocridad, con el fracaso y hasta con el pecado. Los israelitas se habían contentado con el camino fácil.

Ellos necesitaban una increíble inyección de valor. Ansiaban tener la seguridad de que no estaban solos, y que correr un riesgo ordenado por Dios tenía sus beneficios.

El Todopoderoso había dicho que pelearía por ellos, pero ¿cómo podían estar seguros? Tenían miedo.

No hay nada malo en el temor, siempre y cuando esté dirigido en la dirección correcta. Lo que tememos determina si vamos a seguir adelante o si vamos a retirarnos en nuestra vida espiritual. Juan Wesley dijo: "Si me das cien hombres que no le teman a nada excepto al pecado, y que no deseen nada excepto a Dios, estremeceré al mundo… Eso solo destruirá el reino de Satanás y edificará el reino de Dios en la tierra".

Desdichadamente, nuestro temor a menudo está mal dirigido. Tememos al cambio; tememos a la confrontación; tememos a nuestro pasado; tememos al futuro; tememos a la pobreza; tememos a la guerra; tememos a la muerte.

Imagínate lo diferente que viviríamos si temiéramos a Dios, a la transigencia con el pecado y a la incredulidad. Cuando David enumeró algunas de las características del que teme al Señor, agregó: "No tendrá temor de malas noticias; su corazón está firme, confiado en Jehová" (Sal. 112:7). La elección es clara. O tememos a Dios, o tememos a nuestros enemigos. Por decirlo de otra manera, *si tememos a Dios, no tenemos nada más que temer.*

¿Qué despertaría a Israel de su sueño a la posibilidad de una victoria? ¿De dónde vendrían las garantías de valor y guía? ¿Cómo iba Josué a disipar el temor mal dirigido?

La clave de todo se encuentra en el mandato de Dios para Josué: "Solamente esfuérzate y sé muy valiente, para cuidar de hacer conforme a toda la ley que mi siervo Moisés te mandó; no te apartes de ella ni a diestra ni a siniestra, para que seas prosperado en todas las cosas que emprendas" (Jos. 1:7).

Josué tendría que dedicarse de lleno a estudiar y aplicar

la ley. Tendría que seguir a Dios y evitar las distracciones a diestra y a siniestra. Dios nos da más detalles después: "Nunca se apartará de tu boca este libro de la ley, sino que de día y de noche meditarás en él, para que guardes y hagas conforme a todo lo que en él está escrito; porque entonces harás prosperar tu camino, y todo te saldrá bien" (v. 8). Para Josué, la Palabra de Dios consistía en cinco libros llamados el Pentateuco. Esos libros, escritos por Moisés, serían todo lo que él iba a necesitar para guiarlo en sus batallas.

¿Qué tenía que hacer Josué con la Palabra de Dios? En primer lugar, tenía que *hablarla*. El acto físico de hablarle a Dios con su propia Palabra inspiraría fe y grabaría los mandamientos y las promesas en su memoria.

Segundo, él tenía que *meditar* en ella día y noche. La razón era sencilla: la meditación era el medio por el cual su mente se iba a purificar, a liberarse de las distracciones y del temor mal dirigido. Le iba a ayudar a entender mejor la voluntad de Dios y a proporcionarle la instrucción y la fe necesarias para correr algunos riesgos razonables en la captura de los gigantes de Jericó.

Luego tenía que *hacer* lo que el Señor ordenara. La obediencia daría como resultado bendiciones. Él prosperaría y tendría éxito en sus maniobras tácticas cuando tomara la tierra para Dios.

Hablar la Palabra de Dios y meditar en ella nos permite ponerla en práctica. Hace poco hablé con un hombre que trabaja para un jefe que lo reprende cada vez que puede. Todas las mañanas, este comprometido cristiano tiene que escuchar acusaciones falsas y críticas. ¿Cómo mantiene la calma en un ambiente tan hostil? Dice que lo que lo mantiene en el camino espiritual es pasar dos horas todas las mañanas memorizando la Biblia y orando.

Eso le da la fuerza espiritual para aceptar el abuso verbal con un espíritu cristiano.

George Müeller (1805-1898) es famoso por haber establecido orfanatos en Inglaterra y depender solamente de Dios para obtener el dinero para administrarlos. En 1841 hizo un descubrimiento transformador. Müeller escribe: "Vi, más claro que nunca, que el primer asunto importante que tenía que atender cada día era que mi alma estuviera satisfecha en el Señor". Prosigue explicando que servir al Señor, e incluso averiguar cómo glorificarlo, es secundario. Antes del desayuno, meditaba en las Escrituras hasta que su alma estuviera "alimentada". No es de sorprender que Müeller recibiera sus órdenes de Dios de una manera tan constante.

Josué sabía que la voz que escuchara determinaría la dirección en la que iba a caminar. Si escuchaba a sus emociones, se contentaría en el desierto. Si escuchaba los susurros de los cananeos, se iba a asustar. Si escuchaba la crítica de sus soldados, se iba a distraer. La única manera de tener el valor de hacer lo que parecía imposible era si escuchaba regularmente la voz de Dios.

Las órdenes de Dios para Josué

Consideremos tres órdenes que Dios dio a Josué.

1. Levántate: enfréntate al enemigo

"…levántate y pasa este Jordán, tú y todo este pueblo, a la tierra que yo les doy a los hijos de Israel" (Jos. 1:2).

Esta nación, que se había acostumbrado tanto al desierto, tendría ahora que confrontar al enemigo. Al cruzar el río Jordán, estarían arrojando el guante; aquello era una declaración de guerra. Su nuevo campamento en la margen occidental del río sería una base para lanzar ataques al enemigo. Pero también iba a ser una invitación para que el enemigo los atacara *a ellos*.

La decisión de cruzar el río era como saltar al cuadrilátero con un boxeador que ha estado esperando impacientemente para clavarte en el suelo. Una vez cruzas las cuerdas, la batalla es inevitable.

De la misma forma, debemos tomar la decisión de afrontar los retos que pueda haber entre nosotros y el progreso espiritual. No podemos evitar al enemigo y esperar que desaparezca. Tenemos que correr el riesgo de la confrontación.

2. Anda: lucha contra el enemigo

"Yo os he entregado, como lo había dicho a Moisés, todo lugar que pisare la planta de vuestro pie" (Jos. 1:3).

Y para asegurarse de que Josué hubiera entendido que el título de propiedad era suyo, Dios puso la promesa en el tiempo pasado. "Yo os he entregado, como lo había dicho a Moisés".

Un niño fue al Monumento a Washington y vio un guardia de pie junto a él.

—Quiero comprarlo.

—¿Cuánto tienes? —preguntó el guardia.

—Treinta y cinco centavos.

El guardia le explicó:

—Tienes que entender tres cosas. En primer lugar, treinta y cinco centavos no son suficientes para comprar el monumento; de hecho, treinta y cinco millones de dólares no son suficientes. En segundo lugar, el Monumento a Washington no está en venta; y tercero, si eres ciudadano estadounidense, ya es tuyo.

¡Cuántas veces pedimos a Dios bendiciones que ya nos pertenecen en Cristo! Pablo escribió: "Bendito sea el Dios y Padre de nuestro Señor Jesucristo, que nos bendijo con toda bendición espiritual en los lugares celestiales en Cristo" (Ef. 1:3). La bendición y la victoria ya son nuestras.

Pero hay que hacer algo a cambio: las bendiciones que nos corresponden por ley no se pueden experimentar si no hay conflictos, vigilancia y mucha fe. Los privilegios legales son dados a todos los creyentes; la experiencia de esos privilegios está limitada a los que luchan contra viento y marea.

Hace poco hablé con una familia que había experimentado ataques demoníacos específicos debido a la influencia impía de padres que estaban metidos en el ocultismo. El acoso era persistente y potente. Y aunque ellos como cristianos tienen autoridad sobre el enemigo, él no se dio por vencido sin pelear.

Cuando el Señor dijo a Josué que saliera, no hablaba de un "paseo en el parque". De hecho, su andar iba a atraer una hostilidad concentrada. La promesa que tenía en las manos debía ser reclamada por los pies. Los cananeos no estaban dispuestos a darse por muertos.

Es sumamente importante que recordemos que hay una gran diferencia entre nuestros derechos legales y experimentarlos. Saber una promesa es muy distinto de reclamarla.

A continuación, un breve avance de las luchas que iban a tener los israelitas por el solo hecho de aceptar el título de propiedad de la tierra:

(1) Conflicto. Había varias tribus guerreras poderosas que había que combatir. Independientemente de las diferencias que tuvieran entre ellos, habían de unirse contra Israel.

Ciudad tras ciudad tendría que ser conquistada individualmente. Y algunos de los soldados de Josué iban a morir.

(2) Tiempo. Las conquistas en el libro de Josué abarcan unos catorce años. No era cuestión de entrar en la tierra y tomar posesión por la tarde. Nos gustaría creer que nuestra victoria se puede reclamar en un acto de rendición y fe. Pero las batallas son continuas, y cada una toma su tiempo.

(3) Unidad. No había un solo israelita que pudiera ganar esa guerra solo. De hecho, las doce tribus tendrían que pelear juntas.

Muchos años antes, Rubén, Gad y la media tribu de Manasés habían acordado con Moisés que se iban a establecer en la margen oriental del río Jordán. Moisés les había concedido su petición siempre y cuando prometieran ayudar a sus hermanos y hermanas a derrotar a los cananeos. Josué cumplió lo acordado y habló de los detalles con ellos (ver Jos. 1:12-18).

Se necesitaban todas las tribus para pelear. Si Josué hubiera dado permiso para que esas tribus se fueran por su camino sin participar en el conflicto, Israel hubiera sido mucho más débil, y la conquista de la tierra hubiera tomado más tiempo.

Uno de los grandes fracasos de la Iglesia estadounidense es el individualismo. Estamos decididos a vivir la vida cristiana solos y con nuestras condiciones. Creemos que, puesto que nuestra relación con Dios es personal, todas nuestras luchas deben ser personales también.

Así como las doce tribus iban a participar tanto en la derrota como en la victoria, así el cuerpo de Cristo entero participa en nuestras luchas. Nadie vive para sí mismo ni muere para sí mismo. Todos contribuimos a la fortaleza o la debilidad de la Iglesia creyente.

(4) Conocimiento. Josué envió a los espías a la tierra para que le ayudaran a entender al enemigo y a ubicar sus puntos débiles. Para tomar la tierra, se necesitaban estrategia y planificación. Cada batalla era diferente, y Josué tenía que estar lo suficientemente alerta como para conocer la guía de Dios.

3. Levántate: aplasta al enemigo

"Nadie te podrá hacer frente en todos los días de tu vida; como estuve con Moisés, estaré contigo; no te dejaré, ni te desampararé (Jos. 1:5).

Dios especificó los límites de la tierra que les correspondían a los israelitas. Aquel iba a ser el territorio que conquistarían con la ayuda de Dios.

Lo que nos impresiona es la extrema imposibilidad de que los cananeos transigieran. Josué entendía que él no podía mostrar misericordia a esos paganos. La tierra sería de él o de ellos; la única esperanza de descanso era sojuzgarlos totalmente.

Esto nos da una pista de por qué es tan difícil para nosotros vivir una vida cristiana fructífera. Tenemos enemigos que procuran nuestra ulterior destrucción. El mundo, la carne y el diablo están mordiéndonos los talones para mantenernos descorazonados y alejarnos de Cristo. Cuando a esos enemigos se les da entrada, se vuelven fuertes y procuran tener un control total; cuando son subyugados, procuran una tregua temporal.

Las componendas que hacemos con el pecado nos debilitan. Nuestro conflicto con el pecado y con Satanás siempre debe combatirse hasta el final.

Las órdenes de Dios para nosotros

Dios ha acumulado para nosotros una herencia, tal como lo hizo con Israel. Pablo escribió: "En amor habiéndonos predestinado para ser adoptados hijos suyos por medio de Jesucristo, según el puro afecto de su voluntad" (Ef. 1:5). La verdad es que la palabra *predestinar* la usaban los topógrafos para cartografiar un territorio antes de que se habitara. Dios nos predestinó para que fuéramos sus hijos y nos elevó para ser "…herederos de Dios y coherederos con Cristo…" (Ro. 8:17).

El Señor ha dado muchas promesas que describen lo que significa andar en las bendiciones de nuestra herencia. Al igual que Josué, debemos escuchar la voz de Dios, no la de nuestras emociones ni la información confusa que viene de las circunstancias de la vida.

Imagínate lo que es ir a una batalla con un radio transmisor-receptor, recibir guía y garantías constantes de un comandante que tiene todo el conocimiento y el poder a su disposición. A pesar de los reveses y el dolor, podríamos continuar con una esperanza renovada.

El medio de comunicación primordial de Dios con nosotros es su Palabra. Todas las demás voces deben ser probadas por esa clara revelación. Las demás guías son subjetivas y por tanto susceptibles de mala interpretación y error. Pero la Biblia es un mensaje claro y férreo de Dios para nosotros. Para parafrasear a Martín Lutero: "Nos mantenemos firmes en ella, no podemos hacer otra cosa".

Si de verdad deseas que Dios produzca en tu vida un

cambio duradero, identifica a los enemigos que tienes que ver derrotados. Menciona tres actitudes, hábitos o pecados que tienen que someterse a tu autoridad. Luego memoriza pasajes de las Escrituras que se relacionen con áreas específicas de ataques.

Por ejemplo:

Ansiedad: "La paz os dejo, mi paz os doy; yo no os la doy como el mundo la da. No se turbe vuestro corazón, ni tenga miedo" (Jn. 14:27).

Culpa: "Si confesamos nuestros pecados, él es fiel y justo para perdonar nuestros pecados, y limpiarnos de toda maldad" (1 Jn. 1:9).

Lascivia: "No os conforméis a este siglo, sino transformaos por medio de la renovación de vuestro entendimiento, para que comprobéis cuál sea la buena voluntad de Dios, agradable y perfecta" (Ro. 12:2).

Temor: "No temas, porque yo estoy contigo; no desmayes, porque yo soy tu Dios que te esfuerzo. Siempre te ayudaré, siempre te sustentaré con la diestra de mi justicia" (Is. 41:10).

La memorización de las Escrituras es solamente una parte de la vida de meditación en la Palabra de Dios. Es absolutamente esencial que tú y yo leamos las Escrituras todos los días *en busca de alimento espiritual, rehusando dejar la Biblia de lado hasta que nuestra alma esté alimentada.* Así como nuestros cuerpos no pueden trabajar sin alimentos, así tampoco nuestra alma puede alimentarse sin la Palabra de Dios. Tal como dijo George Müeller, nuestro primer deber es obtener alimento para el hombre interior. Sin eso, no puede haber un cambio permanente; no puede haber victoria duradera sobre nuestros enemigos.

Satanás es un ladrón que desea robarnos todas las

bendiciones. Quiere ocupar nuestra mente, mantenernos desequilibrados y hacernos caer en la confusión.

Podemos identificarnos con Martín Lutero, el cual oró: "Amado Dios, aunque estoy seguro de mi postura, no la puedo sostener sin ti. Si no me ayudas, estoy perdido".

¿Existe alguna barrera especial entre nosotros y el progreso espiritual? ¿Qué estamos haciendo para que esas barreras se eliminen de manera que podamos proseguir con el crecimiento espiritual?

Tenemos que llegar a un punto en nuestra comunión espiritual con Dios en que no podamos vivir sin Él. O mejor aún, esperemos que nuestros momentos con Él sean tan especiales que *Él nos extrañe* cuando descuidemos nuestra cita diaria en su presencia.

La única forma en que Josué podía comenzar la larga lucha de tomar la tierra que Dios había dicho que le pertenecía era si el libro de la ley no se apartaba de su boca.

El conflicto precedería a la conquista.

La duda ve los obstáculos.
La fe ve el camino.
La duda ve la noche oscura.
La fe ve el día.
La duda teme dar el paso.
La fe se eleva en alto.
La duda susurra: "¿Quién cree?".
La fe responde: "Yo".

Cuanto más tiempo miremos a Dios, más pequeños se volverán los obstáculos. Cuanto más tiempo miremos a los obstáculos, más pequeño se volverá Dios. La pregunta es si queremos un Dios grande o un enemigo grande. Es cuestión de perspectiva.

¿Qué tan fuerte es el enemigo? ¿Y cuál es su actitud hacia nosotros? Esas son preguntas que Josué necesitaba que le contestaran, y nosotros también.

Capítulo 4

Una estrategia ganadora

Josué 2

¿Cómo podemos esperar ganar batallas espirituales en una cultura que cada vez se inclina más hacia los valores paganos?

Nuestra sociedad no es la primera sociedad pagana que existe. A veces pensamos que el estado moral del mundo nunca ha sido peor, pero *sí lo ha sido*. Algunas culturas han sido sumamente paganas.

Considera la tierra de Canaán en la época de Josué, el año 1400 a.C. Se trataba de una cultura que estaba más allá de la redención, más allá de la esperanza. La arqueología ha demostrado que los cananeos sacrificaban niños, practicaban la homosexualidad, la idolatría y la brujería. Y nadie estaba adoptando ninguna postura contra esa depravada cultura. Dios pidió que los cananeos fueran exterminados, pues literalmente no quedaba nadie que fuera justo.

Josué recibió la orden de conquistar la tierra. Todos los lugares por donde pasaban los israelitas a la larga serían de ellos. Pero el paso no iba a ser un paseo. Tenían que pelear por cada trocito de tierra.

Tal como ya he mencionado, este es un ejemplo impresionante de la combinación entre las promesas de Dios y la responsabilidad humana. Sí, Dios dijo que la tierra sería de ellos, pero ellos tendrían que planificar detenidamente una estrategia para aplastar al enemigo. Su fe no había de ser ciega; ellos tenían que enviar espías y averiguar todo lo que pudieran acerca de Jericó. Tenían que investigar los recursos y la disposición mental de los cananeos.

Por eso Josué envió algunos espías para reunir información de inteligencia para el asalto que harían sobre Jericó. Él tenía que evaluar la disposición de aquella cuidad de pelear y lo preparada que estaba para la ocupación. Su mandato fue lacónico: "…Andad, reconoced la tierra, y a Jericó…" (Jos. 2:1). Sí, Dios estaba con él, pero Josué todavía necesitaba conocer a su enemigo.

Hoy día nuestro enemigo es Satanás. Y así como los israelitas reconocieron a Jericó, nosotros debemos reconocer a Satanás para no ignorar sus maquinaciones (2 Co. 2:11).

Josué solamente envió a dos espías a la ciudad fortificada. Treinta y ocho años atrás, Moisés había enviado a doce espías a la tierra. Diez de ellos regresaron diciendo que el enemigo era demasiado grande para afrontarlo. Solo dos dijeron: "¡Con la ayuda de Dios, podemos!". Recuerda que el informe de los diez desmoralizó al pueblo. Se rebelaron por causa del temor y hasta planificaron regresar a Egipto. Como Josué recordaba aquel incidente bien claro, envió solamente a dos: el número que regresó antes con un informe optimista. Y los envió secretamente para que ellos le informaran a él solo. Redujo al mínimo la posibilidad de enviar un mensaje errado a la multitud una vez más. Los dos espías le darían toda la información que él necesitaba para movilizar a los soldados.

No debería sorprendernos que cuando los hombres buscaron un lugar para pasar la noche en Jericó, fueran dirigidos a un mesón administrado por una prostituta. La prostitución era bastante común en aquella cultura pagana. No tenemos pruebas de que los hombres utilizaran los servicios sexuales de Rahab. Sencillamente aquel era el mejor lugar de la ciudad para ir a comer o averiguar lo que los ciudadanos pensaban de los israelitas.

Lo que sí nos sorprende es que Dios ya había comenzado a trabajar en el corazón de Rahab. Aunque ella había aceptado los valores de su cultura, faltaba poco para que los desechara. Esta señora tenía un futuro extraordinario que aún desconocía.

Dios usaría a Rahab para vencer el temor que paralizó a Israel treinta y ocho años antes. Los espías iban a recibir de esta mujer toda la información que necesitaban llevar al comandante.

¿Qué información reunieron los espías en aquella misión de recabar datos?

El enemigo está listo para la guerra

Cuando los hombres entraron por las puertas de la ciudad, fueron identificados instantáneamente como extranjeros. Nadie sabía con exactitud quiénes eran, pero se veían sospechosos. Cuando el rey escuchó los rumores, de inmediato supuso que aquellos eran los israelitas que habían estado esperando durante tanto tiempo. Por eso envió a sus soldados y preguntó a Rahab dónde estaban los hombres: "…Saca a los hombres que han venido a ti, y han entrado a tu casa; porque han venido para espiar toda la tierra" (Jos. 2:3).

Aunque el rey estaba muy asustado por causa de Israel, no estaba dispuesto a negociar un acuerdo de paz. Aunque debió de haberse dado cuenta de que su futuro destino era inevitable, estaba preparado para luchar hasta la muerte. Cuando el pueblo de Dios se presentó para el conflicto, el enemigo se puso furioso y a la defensiva.

Rahab corrió dos grandes riesgos.

En primer lugar, ocultó a los hombres. Les mostró cómo podían esconderse entre los manojos de lino que tenía en el terrado (ver v. 6). ¡Tan solo eso era muy peligroso! Si la hubieran descubierto, la habrían matado ahí mismo. Las culturas antiguas no daban a las personas el beneficio de un juicio con representación legal. Si te consideraban culpable, ahí terminaba todo.

En segundo lugar, ella mintió y dijo que los hombres habían ido, pero que no sabía quiénes eran y que al anochecer se habían marchado. De hecho, hasta sugirió que los soldados los siguieran.

La pregunta siempre ha sido la siguiente: ¿Hizo lo correcto al decir una mentira? Después de todo, salvó la vida de los dos siervos de Dios. ¡Piensa en todo lo bueno que salió de ahí! Y lo que es más, decir mentiras se aceptaba como parte de la cultura pagana.

Pero el fin no justifica los medios. Cuando mentimos para sacar algo bueno, en realidad cuestionamos el poder y la autoridad de Dios. ¿Se hubiera visto atrapado el Todopoderoso si ella hubiera dicho la verdad? ¿Hubiera dicho: "¿Qué voy a hacer ahora? Rahab dijo la verdad"?

No, si Dios hubiera querido salvar la vida de aquellos hombres, lo hubiera hecho incluso si se hubiera dicho la verdad. Tal vez los hombres hubieran podido escapar antes de que los soldados llegaran allá, o quizás los soldados hubieran experimentado un cambio de corazón y los hubieran dejado ir. Dios nunca se encuentra en un dilema cuando nosotros decimos la verdad.

Pero con mentira o sin ella, Rahab se identificó con los hombres de Israel. Los soldados le tomaron la palabra literalmente e iniciaron una búsqueda inútil en dirección al río Jordán. Huelga decir que no encontraron a los espías.

Alabemos a Rahab por ponerse en contra de la cultura pagana de su época y optar por ayudar a los que ella creía que habían sido enviados por Dios. A pesar de sus pecados, era una mujer de fe.

Los espías descubrieron que, aunque el enemigo tal vez viviera en una considerable calma, tan pronto se hacen los preparativos para la batalla, el antagonismo latente se enciende. Sin duda alguna, informaron a Josué el hecho de que los cananeos estaban nerviosos preparándose para matar a los israelitas.

Muchas veces he hablado como pastor sobre el tema de Satanás y me he dado cuenta de que algunas personas se agitan tanto, que se sienten tentadas a levantarse e irse (algunos lo hacen). Para otros es difícil leer un libro sobre cómo combatir a Satanás y a sus fuerzas. Les vencen los temores de que si empiezan a luchar, se van a encontrar en un ataque terrible.

Los dos espías entendieron que hasta los enemigos que saben que van a ser derrotados causan todo el daño que puedan para amedrentar a sus oponentes. Cuando el pueblo de Dios planifica un ataque, el enemigo intenta una respuesta airada y concentrada.

El enemigo tiene miedo

Dios usó a Rahab para dar a los espías toda la información que ellos necesitaban. Si había alguien que supiera lo que pensaba el pueblo de aquellos días sobre los israelitas, era ella.

La información era alarmante, pero era exactamente lo que los espías habían esperado escuchar. Dos cosas son interesantes en particular.

1. Los cananeos sabían quiénes eran los verdaderos dueños de la tierra

"Sé que Jehová os ha dado esta tierra; porque el temor de vosotros ha caído sobre nosotros, y todos los moradores del país ya han desmayado por causa de vosotros" (Jos. 2:9).

Los cananeos sabían que estaban viviendo en una tierra que no les pertenecía. El hecho de que la hubieran ocupado por siglos importaba poco porque era Dios quien tomaba las decisiones en cuanto a quién era el dueño de qué. Eran ilegales que temían ser expulsados.

La analogía está clara. Satanás sabe lo que Dios ha dado a su pueblo. Sabe que hemos sido bendecidos con toda bendición espiritual en los lugares celestes: una conciencia limpia, libertad del poder del pecado, la paz de Dios. Todo eso y más pertenecen a los miembros de la familia de Dios. ¡Satanás teme que nos apoderemos de lo que ya nos pertenece!

¿Qué causó el temor de Jericó? El pueblo había escuchado el rumor de cómo Dios había guiado a los israelitas por el Mar Rojo. "Porque hemos oído que Jehová hizo secar las aguas del Mar Rojo delante de vosotros cuando salisteis de Egipto…" (v. 10).

Los israelitas fueron redimidos de Egipto porque la sangre del cordero fue rociada en los postes de las puertas. Eso los protegió de la última plaga en la cual murieron todos los primogénitos de todos los hogares egipcios. Desesperado, Faraón permitió que el pueblo se fuera de su país, y los israelitas vivieron el milagro del Mar Rojo.

Egipto y su esclavitud quedaron atrás, y una nueva aventura estaba a punto de comenzar cuando entraran en la Tierra Prometida. Así, el cruce del Mar Rojo representa la salvación.

El conocimiento de esto preocupaba al pueblo de Jericó. Mirando el pasado, sabían que no había forma de ganar una guerra contra un Dios que podía redimir a una nación completa.

Satanás mira al Calvario; ve la cruz de hace dos mil años y se encoge de terror, porque sabe que su derrota es absolutamente segura. Sabe de sobra que los que han confiado en Cristo le llevan ventaja. Cualquiera que sea el resultado de los conflictos de este mundo, los redimidos vivirán felizmente, mientras que el diablo y sus ángeles vivirán en perpetuo tormento.

2. Los cananeos conocían el poder de Dios

La victoria del Mar Rojo, la historia de la redención de Dios de su pueblo, causó terror en la mente del enemigo. Pero también habían escuchado hablar de algunas de las victorias que los israelitas habían obtenido sobre otros reinos, a saber, los dos reyes de los amorreos, Sehón y Og (ver Jos. 2:10).

Tal como podría esperarse, los cananeos resistieron la legítima propiedad de Israel. No estaban dispuestos a rendirse, aunque sabían que eran esencialmente ocupantes ilegales. Ellos iban a tratar de hacer lo que Satanás todavía trata de hacer hoy: pelear una guerra que es imposible de ganar.

Por cada victoria que Satanás obtiene, su pérdida es mucho mayor. Supongamos que él logra desintegrar un matrimonio, mantiene a otros esclavos de las adicciones, etc. Lo único que logran todas esas victorias es empeorar el juicio eterno. Satanás será juzgado por cada obra mala, y por tanto, cada uno de esos actos aumenta su desgracia final. Él es muy inteligente, pero no es sabio. Si tan solo se pusiera a pensar en lo que es mejor para él, se detendría de inmediato y desistiría de toda actividad contra el Todopoderoso. Pero no se detiene, porque los seres malvados avanzan de manera compulsiva, independientemente de su propio tormento futuro.

Satanás no quiere que nosotros sepamos que él tiene miedo. Es lo suficientemente inteligente como para darse cuenta de que incluso sus victorias son en realidad derrotas. Se vuelve impotente cuando se le aborda con fe y con la calmada seguridad de que él está condenado.

Rahab continuó diciendo: "Oyendo esto, ha desmayado nuestro corazón; ni ha quedado más aliento en hombre alguno por causa de vosotros, porque Jehová vuestro Dios es Dios arriba en los cielos y abajo en la tierra" (v. 11). Ella reconoció la debilidad de aquellos paganos en presencia del Dios verdadero.

Imagínate el valor que deben haber sentido Josué y sus líderes cuando los espías informaron que el enemigo tenía miedo.

Josué todavía no sabía cómo, exactamente, iba Dios a destruir a Jericó. Por ahora era suficiente para él enterarse de que los ocupantes de la ciudad estaban desmoralizados. El Dios que los había llenado de temor iba, a la larga, a convertir la ciudad en ruinas como testimonio de su poder y justicia.

Incluso treinta y ocho años antes, Josué sabía que la altura de los muros de Jericó no importaba... por una buena razón: Dios había eliminado la *protección* de Jericó (ver Nm. 14:9). La fuerza de los ocupantes de esa ciudad no valía nada una vez que Dios decidiera que había llegado el momento de que cayeran los muros.

Como enemigo nuestro de hoy, Satanás igualmente intenta esconderse detrás de los "muros". Él preferiría que pensáramos que estamos librando una batalla física, emocional o psicológica, y no espiritual. Es evidente que esos factores forman parte de nuestras luchas, pero muchas veces tapan la actividad demoníaca. Felizmente, cuando busquemos a Dios, descubriremos que la protección de Satanás, igual que la de Jericó, ha sido eliminada. El Señor puede demoler los muros y exhibir la verdadera fuente de nuestras derrotas.

Pronto Josué iba a ver al enemigo al descubierto y humillado en su presencia. Puesto que los muros iban a ser derribados, no habría lugar para esconderse. La cubierta iba a desaparecer.

El enemigo está derrotado

Si quedaba alguna duda de que Dios era el triunfador en esta ciudad, Josué solo tenía que considerar la extraordinaria vida de la misma Rahab. Ella era una prueba viviente de que el Dios de Israel no solo podía obtener una victoria militar, sino que podía ganarse el corazón de una persona también.

Rahab pidió a los espías que hicieran un pacto con ella. Puesto que fue amable con ellos, consiguió que acordaran que ella y su familia fueran libradas de la muerte cuando los israelitas vinieran a conquistar la ciudad. Los espías aceptaron sus condiciones: "Ellos le respondieron: Nuestra vida responderá por la vuestra, si no denunciareis este asunto nuestro; y cuando Jehová nos haya dado

la tierra, nosotros haremos contigo misericordia y verdad"
(Jos. 2:14).

Un último detalle: ella acordó colgar de la ventana de
su casa un cordón de grana de manera que los israelitas
supieran cuál casa debían librar. Todos los que se encon-
traran en la casa vivirían; los demás morirían.

Con un cubo y una cuerda, descendió a los hombres
por el costado del muro y les dijo que corrieran en dirección
oeste (la dirección opuesta al Jordán) y que se quedaran
allí durante tres días. Después, cuando los perseguidores
del rey regresaron, los espías israelitas dejaron su escondite
y tomaron su camino de regreso a Josué. Cuando tomaron la ciudad, cumplieron la promesa que habían hecho
a Rahab (ver Jos. 6:22-25).

Rahab era, realmente, una mujer extraordinaria. Ella
debió haber muerto cuando los israelitas finalmente conquistaron Jericó, pero no pereció con los malvados.

Existen muchas razones por las que ella debió haber
sido destruida.

En primer lugar, estaba condenada moralmente. En el
Antiguo Testamento, Dios pidió que el pueblo apedreara
a los que participaban de la inmoralidad.

En segundo lugar, estaba condenada religiosamente:
no era judía y por ende no estaba incluida en los pactos y
bendiciones especiales de Dios.

En tercer lugar, Dios había dicho a los israelitas que
ellos no debían hacer pactos con la gente de la tierra, y
sin embargo, hicieron este pacto, aparentemente con su
bendición.

En cuarto lugar, Dios había dicho que los israelitas no
debían casarse con la gente de la tierra y aun así, Rahab
se casó con un israelita.

Fíjate en la excepción que ella era en cuanto a las leyes que Dios había dado a su pueblo.

¿Por qué esa hermosa excepción?

1. Rahab sabía más de lo que se imaginaba

No fue por casualidad que Rahab colgó un cordón de grana en la ventana. Ella no se daba cuenta, pero el cordón simbolizaba el hilo rojo que encontramos en toda la Biblia; es el rastro escarlata de la sangre.

Ese hilo comienza en el huerto del Edén donde Adán y Eva recibieron pieles de animales para taparse. Ya Dios les estaba enseñando que la vergüenza y la culpa serían cubiertas.

El hilo escarlata se ve claramente en el libro de Éxodo, donde los israelitas tomaron la sangre del cordero y la rociaron en los postes de las puertas de cada casa para librar de la muerte a los primogénitos.

Vemos el cordón en los sacrificios de Levítico y seguimos la pista en las márgenes del río Jordán, donde Juan el Bautista clamó: "He aquí el Cordero de Dios, que quita el pecado del mundo" (Jn. 1:29).

Por último, lo vemos en el libro de Apocalipsis, donde los coros del cielo cantan: "…Digno eres de tomar el libro y de abrir sus sellos; porque tú fuiste inmolado, y con tu sangre nos has redimido para Dios, de todo linaje y lengua y pueblo y nación" (Ap. 5:9).

Unos catorce siglos después de la época de Rahab, Jesucristo iba a morir en la cruz y a derramar su sangre por los pecadores. En esa sangre, había un sacrificio por el pecado de Rahab.

2. Ella creía lo que sabía

Imagínate: Rahab no tenía Biblia; vivió siglos antes de que los profetas hablaran y mil cuatrocientos años antes de que se escribiera Juan 3:16. Nunca había visto un tratado evangelizador, ni nadie había orado por ella.

Su fe era imperfecta, pues tal como ya hemos señalado, mintió. Sin embargo, a pesar de eso, ella creía. No se aferró a su religión pagana y dijo: "Me quedo con el pueblo de mi cultura pase lo que pase".

¿Qué hizo Dios por esta mujer? Perdonó su vida.

También reparó su dignidad.

¿Qué dignidad puede tener una antigua prostituta? Rahab se casó con un israelita llamado Salmón (la tradición dice que era uno de los espías) y, de una manera extraordinaria, aparece en la genealogía de Cristo (ver Mt. 1:5). No solamente era prostituta, sino que era ¡una prostituta *gentil*! Y sin embargo, fue uno de los antepasados de Cristo.

Y lo que es más importante, el alma de Rahab fue salva. Ella creía lo que sabía, y eso le fue contado por justicia.

Cuando el autor de Hebreos quiso catalogar a los héroes de la fe que demostraron su valor para vencer al enemigo, incluyó a Rahab junto con las demás "estrellas": Enoc, Abraham, Moisés y David, por mencionar algunos. "Por la fe Rahab la ramera no pereció juntamente con los desobedientes, habiendo recibido a los espías en paz" (He. 11:31).

Rahab es, ciertamente, digna de honor porque creyó en Dios, aunque tuvo que pagar un gran precio personal. Cuando ocultó a los espías, se convirtió de inmediato en enemiga del rey de Jericó. Cruzó la raya con todos los riesgos que aquello implicaba.

He aquí una mujer que ayudó a los israelitas a ver lo distorsionado que era en realidad el complejo de langosta. La congregación que quedaba en Cades-barnea había sobreestimado totalmente la fortaleza y determinación del

enemigo. Habiéndose percibido como langostas, pensaron que los cananeos los percibían de la misma manera.
Pero tal como observó Rahab, la verdad era lo opuesto: los
cananeos pensaban que *ellos* eran las langostas a la vista
de los "gigantes" israelitas.

A principios del siglo pasado, un artista pintó un retra-
to de un juego de ajedrez. Los jugadores eran un joven
y Satanás. El joven estaba a cargo de las piezas blancas,
y Satanás, de las negras. Si el joven ganaba, sería librado
para siempre del poder del mal; si Satanás ganaba, el joven
sería su siervo eternamente.

El artista, que era un gran jugador de ajedrez, tenía
las piezas organizadas de tal manera que el diablo acababa
de mover su reina y había declarado jaque mate en cuatro
movidas. El joven se veía con la mano a punto de mover
su torre, y su rostro estaba pálido de temor.

Durante años, el cuadro estuvo colgado en una galería de arte, y de todas partes del mundo venían jugadores
de ajedrez a ponderar la configuración de las piezas, convencidos de que el diablo había ganado. Sin embargo, un
día llevaron a la galería a un famoso jugador de ajedrez
llamado Paul Morphy para ver el cuadro. Él permaneció
allí de pie haciendo gestos con las manos, mientras en su
imaginación eliminó todos los movimientos. Para asom-
bro de todos, el anciano encontró una combinación de
movimientos que derrotaría al diablo.

"¡Joven, haz el movimiento!", gritó.

Justo cuando tú y yo creemos que el diablo nos ha ganado con una jugada, Dios nos recuerda que hay otro movimiento que nosotros podemos hacer. El rey de nuestra Jericó
podría gritar: "¡Jaque mate!". Pero Dios puede mostrarnos

un movimiento que podemos hacer *que no se le ha ocurri-do al enemigo.*

Dios tiene una cantidad infinita de posibilidades a su disposición. Es posible que nos sintamos acorralados, pero Él no. Los israelitas aprendieron rápidamente que Dios está dispuesto a usar recursos sobrenaturales para cumplir las promesas que ha hecho a su pueblo. Ni siquiera estar en el lado equivocado de un río de aguas rápidas es obstáculo para el Todopoderoso.

Siempre hay una movida que Dios puede hacer.

"Y despojando a los principados y a las potestades, los exhibió públicamente, triunfando sobre ellos en la cruz" (Col. 2:15).

Capítulo 5

Cómo dar el primer paso

Josué 3

¿Has identificado el obstáculo que existe en el cumplimiento de la voluntad de Dios en tu vida? ¿Por qué no estás dispuesto a ir más allá de ti mismo a un reto que Dios te haya dado?

Para los israelitas, ese obstáculo era el río Jordán, el cual fluía entre ellos y la Tierra Prometida. Ni siquiera podían comenzar a pelear contra el enemigo hasta que hubieran superado aquel gran obstáculo.

Había mucho en juego. No había forma de regresar. Detrás de ellos, estaba la vasta tierra baldía del desierto, la interminable arena y las estériles montañas. Habían soportado cuarenta años dolorosos de la disciplina de Dios y había llegado el momento de seguir adelante.

Si aceptaba el reto, esta generación de israelitas disfrutaría de los beneficios de la tierra. Había huertos con pepinos y melones, cosechas de grano y maíz. Aquel sería un alivio bienvenido de la dieta constante de maná a la que se habían acostumbrado en el caluroso desierto. Ahora iban a obtener agua de los pozos y peces del mar de Galilea.

Belén, la ciudad donde Cristo nacería cientos de años después, estaba al otro lado. Aunque estaba ahora bajo el control de una tribu pagana, sería testigo del cumplimiento del sueño de la nación y la esperanza del mundo.

Jerusalén también estaba al otro lado del río. Aquella era la ciudad que se convertiría en la capital espiritual y política de la nación; sería la ciudad del templo y los sacerdotes. Fuera de sus muros, Jesucristo, el Mesías, con el tiempo moriría como sacrificio por los pecadores.

Esos lugares —y muchos otros de importancia futura— estaban todos en territorio enemigo. Los cananeos tendrían que morir, las ciudades y las aldeas tenían que ser liberadas. Pero antes de poder conquistar la tierra, tenían que cruzar un río imposible. Era una barrera que no iba a desaparecer sola. La nieve del monte Hermón hacía crecer el Jordán entre treinta y sesenta metros de ancho durante la época de inundaciones (ver Jos. 3:15).

Se ha dicho que un viaje de mil kilómetros empieza con un solo paso. Y ese primer paso por lo general es el que más miedo da, sobre todo si significa meterse en un río profundo cuya rápida corriente podría arrastrarte en un instante.

Hay un negocio que tiene un letrero que dice: "Lo difícil lo hacemos de inmediato; lo imposible nos toma un poco más de tiempo". Si el cruce del Jordán hubiera sido simplemente difícil, Josué podría haber predicho lo que Dios haría. Pero como era *imposible*, evidentemente ni siquiera él sabía cómo se iba a lograr.

Chuck Swindoll escribe: "Todos tenemos por delante una serie de grandes oportunidades brillantemente disfrazadas de situaciones imposibles". Si aquella era una oportunidad, claramente estaba bien disfrazada. Ni siquiera la persona más optimista adivinaría cómo esta nación podía esperar llegar al otro lado. Josué no tenía que entender; solo tenía que obedecer.

Si Egipto representa el mundo, y la larga excursión en el desierto representa la disciplina que todos nosotros experimentamos, entonces el río Jordán representa la rendición plena que debe preceder a la tarea de conocer a Dios, para la cual se necesita toda una vida. Cada uno de nosotros llega a su Jordán en algún momento.

¿Qué les pidió Josué a los israelitas que hicieran justo antes de este acto de rendición consciente a la voluntad de Dios? Y por consiguiente, ¿qué debemos hacer nosotros si hemos de tomar una decisión irrevocable para someternos a Dios?

Prepara tu corazón

"Josué se levantó de mañana, y él y todos los hijos de Israel partieron de Sitim y vinieron hasta el Jordán, y reposaron allí antes de pasarlo" (Jos. 3:1). Ahí, al borde del río Jordán, pusieron su campamento y pasaron tres días preparándose para un milagro. Los oficiales dieron instrucciones al pueblo sobre los procedimientos para cruzar el río.

Presta atención en las preparaciones espirituales necesarias para dar este paso de fe: "…Santificaos, porque Jehová hará mañana maravillas entre vosotros" (v. 5). Si los israelitas esperaban que el Señor luchara por ellos, el pecado tenía que dejarse de lado. La codicia, la mala conducta sexual y el orgullo tendrían que confesarse y abandonarse. Pero tal vez el mayor pecado de todos que se asomaba a sus corazones era el temor, la sensación de que Josué podía haber entendido mal las instrucciones de Dios, o que Él les permitiría pasar por más penurias de las que podían soportar.

La santificación también implica recibir las promesas de Dios. Esto es, aceptar lo que ha dicho tal como lo ha dicho. Josué recordó al pueblo que Él iba a despojar a las siete tribus paganas que ahora ocupaban la tierra. "…En esto conoceréis que el Dios viviente está en medio de vosotros, y que él echará de delante de vosotros al cananeo, al heteo, al heveo, al ferezeo, al gergeseo, al amorreo y al jebuseo" (v. 10). El Dios viviente demostraría que estaba entre ellos, pero ellos tenían que estar listos.

Eso no significa que tengamos que ser perfectos antes de intentar hacer algo para Dios. Sí significa que debemos sacar a la luz todo lo que Dios nos muestre acerca de nosotros y entregárselo en franca sumisión. El cambio tendrá lugar poco a poco.

Ese proceso de santificación, esa transformación de nuestro carácter, se puede comparar con un iceberg, que solo tiene el diez por ciento de su masa total por encima del agua. Cuando el sol brilla sobre él, la parte expuesta se derrite, y las partes más bajas suben. A medida que la luz de la Palabra de Dios trabaja en nuestros corazones y que cambiamos las cosas que nos son reveladas, nos hacemos más conscientes de otras cosas que tienen que cambiar.

Entonces, ¿quieres dar el primer gran paso y deshacerte del complejo de langosta? Deja de lado todo tu pecado mediante el arrepentimiento y la sumisión a Dios y sus promesas. Permítele cambiarte para que tengas la fortaleza de tomarle la palabra a Dios y seguir adelante con la tarea que tienes por delante.

Nuestro Jordán se verá mucho más pequeño una vez que hayamos confesado nuestro pecado y nos hayamos rendido plenamente al Señor. No siempre es importante entender cómo Dios se va a ocupar de nuestra necesidad especial. Lo necesario es que estemos espiritualmente preparados para aceptar lo que sea que Él quiera hacer.

Enfoca tu mirada

El pueblo recibió instrucciones específicas: tenían que seguir el arca que sería llevada por los sacerdotes a través del río. Las masas debían mantener una distancia de aproximadamente un kilómetro desde el arca para que la pudiera ver la mayor cantidad posible de personas.

El arca era una caja de aproximadamente 1,3 m de largo, 75 cm de altura 75 cm de ancho. En ella había maná, la vara de Aarón y una copia de los Diez Mandamientos. Tenía una tapa de oro llamada propiciatorio sobre la cual había dos querubines (ver Éx. 25:18-19). En el tabernáculo y luego en el templo, el arca representaba la presencia de Dios.

Cuando Israel seguía el arca, era guiado por Dios. Siempre es necesario centrarse en Dios, pero sobre todo en ese momento, pues la nación se estaba embarcando en una nueva aventura que implicaba un peligro mayor. Las instrucciones para el pueblo fueron: "a fin de que sepáis el camino por donde habéis de ir; *por cuanto vosotros no habéis pasado antes de ahora por este camino.* Pero entre vosotros y ella haya distancia como de dos mil codos; no os acercaréis a ella" (Jos. 3:4, cursivas añadidas).

Ningún israelita esperaba forjar su propia senda. Ellos debían ir únicamente donde el mismo Dios los guiara. No habían de ser pioneros solitarios, sino que debían seguir a su Dios, el cual les construiría el camino.

Hoy, Cristo es nuestra arca; Él es Emmanuel, "Dios con nosotros". Es el Buen Pastor, que guía a sus ovejas. No se espera de las ovejas que busquen su propio camino, pues simplemente han de seguir al pastor.

Muchas veces he dicho a misioneros que van a un país extranjero, que se encuentran ante las barreras de una nueva cultura, idioma, clima y costumbres, que Dios es el mejor agente de viajes. Él nunca envía a su pueblo a ningún sitio adonde Él no llegue primero para prepararle el camino.

El autor de Hebreos escribió que debemos correr la carrera de la vida "puestos los ojos en Jesús, el autor y consumador de la fe, el cual por el gozo puesto delante de él sufrió la cruz, menospreciando el oprobio, y se sentó a la diestra del trono de Dios" (He. 12:2). Jesús hasta pasó por la puerta de hierro de la muerte para darnos la seguridad de que, incluso en ese momento final, todavía estaremos siguiendo al líder.

Cristo nunca esperaría que cruzáramos un río que Él mismo no haya cruzado primero. *Todo lo que nos pide hacer se basa en lo que Él ya hizo; se trata de seguir un sendero que ya tiene sus huellas.*

¿Quiere Él que nos familiaricemos íntimamente con el Padre? Fíjate en su vida de oración. ¿Quiere Él que hagamos lo correcto, aunque hagamos el ridículo delante de nuestros amigos? Piensa en los insultos que Él soportó. ¿Quiere Él que estemos dispuestos a soportar tortura emocional? Acuérdate del Getsemaní. ¿Quiere Él que afrontemos la muerte con la confianza de ser bienvenidos al otro lado? Recuerda la cruz.

En la película *El refugio secreto*, Corrie ten Boom y su hermana están en un campo para prisioneros hablando con otras reclusas sobre su destino. Es comprensible que hubiera mucha amargura dirigida hacia Dios. ¿Cómo podía Él mirar desde el cielo, ver ese sufrimiento y no intervenir? Pero Corrie señala: "No hay un pozo que sea tan profundo que Dios no sea más profundo aún".

No hay río que Dios espere que cruces que Él no haya cruzado ya. Comenzamos con Cristo en la peregrinación, y Él permanece un paso delante de nosotros hasta el final. Nuestro mayor reto es mantener la mirada centrada en Él.

Anda con los pies

Los sacerdotes tenían que dar un paso de fe; tenían que pararse en el río que fluía. Josué les dijo: "…Cuando hayáis entrado hasta el borde del agua del Jordán, pararéis en el Jordán" (Jos. 3:8). El agua no iba a dejar de correr hasta que ellos se mojaran. Dios haría el resto.

Y así fue. Cuando los sacerdotes que llevaban el arca entraron en el Jordán, cuyas aguas corrían con rapidez, Dios intervino. "Las aguas que venían de arriba se detuvieron como en un montón bien lejos de la ciudad de Adam… y el pueblo pasó en dirección de Jericó" (v. 16).

Lo más preciso que los arqueólogos pueden determinar es que la ciudad de Adam, donde se detuvieron las aguas, está a unos veinticuatro kilómetros al norte del Mar Muerto. Esto proporcionaba un amplio espacio para los cientos de miles de personas que iban a cruzar.

Algunos han sugerido que un terremoto o una avalancha hizo que las aguas detuvieran su curso. Independientemente del método que Dios usara, fue milagroso. Las aguas se detuvieron exactamente en el momento justo y reanudaron su curso después que el pueblo cruzó (ver Jos. 4:18).

Una muchedumbre de un kilómetro y medio de ancho descendió a la profundidad del río y subió hasta el otro lado. Los ancianos encontraron cuidadosamente su camino a través de las piedras. Los niños corretearon por los profundos acantilados recolectando piedras del camino. Las madres cargaron a los recién nacidos. Después de lo que pudieron haber sido varias horas, todo el mundo había cruzado con seguridad.

A veces tememos rendirnos a Dios porque pensamos que Él podría exigirnos imposibles. Pero sea lo que sea que Dios nos pida hacer, también nos da la gracia para hacerlo. Lo imposible se vuelve posible cuando optamos por obedecer independientemente de nuestros temores.

Los milagros de Dios son cabales, hasta el último detalle. El pueblo no tuvo que limpiarse los pies cuando llegó al otro lado. Cruzó por "tierra seca".

Un hombre de cada tribu tenía que sacar una piedra del río y usarla para hacer un monumento especial en la orilla occidental. El mismo Josué tomó doce piedras y edificó un monumento en el río (ver Jos. 4:9). Y de repente, el suelo seco desapareció cuando un torrente de agua se precipitó por el río una vez más.

Al igual que Israel, todos andamos por una senda que nunca hemos visto antes. Cada día es una nueva experiencia. Es posible que un médico nos diga que tenemos cáncer, que un hijo se haga daño en un accidente o que un adolescente se rebele contra Dios. Puede que seamos injustamente despedidos de nuestro trabajo o que descubramos que nuestras inversiones se han perdido. Tal vez tengamos que hacer frente a cientos de injusticias procedentes de los que creíamos que eran nuestros amigos. En esas y miles circunstancias más, podemos tener la confianza de que no nos dirigimos al futuro solos.

Justo en este momento, están sucediendo cosas que van a influenciar tu futuro. Se están haciendo llamadas telefónicas, tal vez haya transacciones comerciales en el horizonte, y hay personas, algunas de las cuales no has conocido todavía, que están tomando decisiones que te van a afectar. Pero Dios lo está supervisando todo. Él está allí mucho antes que tú, haciendo los preparativos.

Me han dicho que una persona normal pierde entre veinte y treinta cabellos al día. Cuenta la cantidad de cabellos que hay en el baño después de lavarte el pelo y recuerda: "Pues aun vuestros cabellos están todos contados" (Mt. 10:30). La computadora de Dios siempre está en movimiento y mantiene una cuenta exacta. Él no solo está con nosotros, sino que ya ha viajado a nuestro futuro para hacer los preparativos para nuestra llegada.

"…No temas, porque yo te redimí; te puse nombre, mío eres tú. Cuando pases por las aguas, yo estaré contigo; y si por los ríos, no te anegarán…" (Is. 43:1-2).

¿Cuál es la gran lección que aprendemos de Israel? *No hay río que sea tan sinuoso, ni tan profundo, ni tan rápido que Dios no pueda ayudarnos a cruzar.*

¿Hay algún río en tu vida que creas que no puedes cruzar?
¿Alguna montaña por la que crees que no puedes pasar?
Dios se especializa en cosas que parecen imposibles.
Él hará lo que ningún amigo puede hacer.

Cuando los sacerdotes pusieron los pies en la corriente del río, sucedió el milagro. Aunque comenzaron su trayectoria con los pies mojados, para cuando llegaron al otro lado, estaban secos. Dios hizo un sendero donde, humanamente hablando, no podía haber ninguno.

Muchos valles se aplanan cuando damos el paso hacia ellos creyendo que Dios hará un milagro. Y si no surge ningún sendero, Dios sigue allí. "…No te desampararé, ni te dejaré" (He. 13:5).

Un corazón rendido nos lleva por el río que conduce a la Tierra Prometida.

Capítulo 6

Prepárate para la batalla

Josué 4—5

Y ahora, los fundamentos.

La vida es un aula de clases, y nuestras circunstancias, el plan de estudio. Desdichadamente, no hay asignaturas optativas. Nuestros exámenes tienen muchas formas, pero nuestra calificación siempre depende de si hemos dominado los fundamentos. Todo en la vida consiste en volver a aprender las cosas esenciales.

A un jugador profesional de fútbol, le preguntaron qué preparación hacía para jugar en la serie de semifinales. Su respuesta fue sorprendentemente sencilla: "Trabajo en los fundamentos".

La lucha que enfrentamos esta semana, el temor que nos impidió hacer lo que sabemos que debemos hacer, esas tensiones nos llevan de vuelta a los fundamentos.

Tenemos batallas por delante. Afrontamos obstáculos que están decididos a impedir que seamos cristianos fructíferos. Dios nos está llamando a enterrar nuestras raíces en suelo conocido para que no seamos arrastrados por los enemigos que desean perturbar nuestra alma.

Hemos aprendido que las experiencias como nación de Israel son básicamente iguales a la experiencia personal de cada uno de nosotros. La geografía del Antiguo

Testamento tiene un significado simbólico. Todas esas cosas les sucedieron como ejemplos para nosotros.

Egipto representa al mundo. Allí, los israelitas eran esclavos de los crueles amos que trataban de terminar con la nación a base de arduo trabajo. La esclavitud al pecado es incluso peor.

¿Y cómo los sacó Dios de Egipto? Por la sangre del cordero. Cuando esa sangre fue rociada en los postes de las puertas de las casas, el ángel de la muerte pasó por alto la casa, y el primogénito no murió. A través de Cristo, el Cordero de Dios, somos comprados en el mercado de esclavos del pecado para llevar una nueva vida.

El cruce del Mar Rojo simboliza el inicio de la vida cristiana. Cuando confiamos en Cristo como Salvador, dejamos el mundo (Egipto) y nos hacemos miembros de la familia de Dios. Por tanto somos, para usar la palabra de Pablo, "salvos".

La experiencia del desierto representa períodos de lucha y derrota espiritual; son épocas de insatisfacción con la vida cristiana, luchas con la duda y la falta de realización. Eso es lo malo de la experiencia cristiana.

En el desierto, oímos rumores sobre la Tierra Prometida, pero todavía no es una realidad para nosotros. Escuchamos a otros hablar de la victoria sobre el pecado y de la llenura del Espíritu Santo, pero si lleváramos un diario, sería primordialmente una crónica de fracasos repetidos. Andamos en círculos. A pesar de que somos activos, no hay pruebas de progreso espiritual. Nos gustaría comer de la mesa del Señor, pero hay hambruna en nuestro corazón. Sospechamos que el cristianismo es algo más, aunque no sabemos cómo encontrar ese algo más.

En el desierto, los israelitas pasaron mucho tiempo

quejándose. Por las noches, junto al fuego, dos de los temas favoritos eran: (1) ¿está Dios con nosotros o no? y (2) ¿debemos ungir a un nuevo líder y regresar a Egipto?

En el desierto, somos muy vulnerables al mundo porque no estamos satisfechos. No hemos gustado la benignidad del Señor, por eso vamos de aquí para allá, incapaces de encontrar contentamiento en Dios. Un corazón alimentado en el desierto no tiene la fortaleza para conquistar a Canaán.

El río Jordán representa un momento decisivo. Morimos a nuestros propios planes y ambiciones. Aquí decidimos afrontar a los enemigos de nuestra alma y tomar lo que Dios nos ha prometido. Empezamos a estar satisfechos en Canaán y probamos algunos de los frutos de la tierra.

El Jordán es un punto del que no hay regreso. Nos colocamos en la posición de encontrar plenitud en Cristo cerrando la puerta detrás de nosotros, resueltos a no regresar al mundo nunca. Cruzamos hacia Canaán y vamos en serio. Es hora de que los enemigos que nos roban la fortaleza psicológica sean identificados y derrotados.

Es interesante notar que en este momento de la experiencia de Israel, todavía no habían librado ni una sola batalla. El cruce del Jordán fue un paso de fe, pero no era nada en comparación con lo que les esperaba. Ahogarse en el Jordán hubiera sido mucho más tolerable que lo que iban a recibir de los crueles cananeos.

Por eso, antes de su primera batalla, tenían que reagruparse y prepararse espiritual y emocionalmente. En concreto, el estigma de cuarenta años de derrota tenía que quedar atrás para poder marchar a Jericó con confianza.

Los israelitas acamparon en Gilgal, a solo un poco más de tres kilómetros de Jericó. La palabra Gilgal quiere decir *círculo*. Dios tomó esa palabra y le dio un nuevo significado: "Y Jehová dijo a Josué: Hoy he quitado de vosotros el oprobio de Egipto; por lo cual el nombre de aquel lugar fue llamado Gilgal, hasta hoy" (Jos. 5:9).

Específicamente, ¿qué fue "quitado"? La desgracia que Israel había soportado en Egipto y en el desierto. Eran el pueblo de Dios, y sin embargo, habían sufrido la humillación de avergonzarse delante de sus enemigos. Tenían la mentalidad de la derrota, no de la victoria. Sus fracasos pasados tenían que quedarse a un lado para poder seguir siendo todo lo que Dios quería que fueran.

Un día conocí a una mujer que tenía un tatuaje en el brazo. Ella me explicó que se lo hizo su antiguo novio. Nunca se casó con el; de hecho, él llegó a ser un alcohólico maltratador. Pero el tatuaje todavía estaba allí. A pesar de que estaba casada con otro hombre, todos los días tenía que recordar aquella dolorosa relación anterior. En realidad, su esposo también tenía que verlo. ¡Cuánto deseaba poder deshacerse del indeleble recordatorio de su pasado!

Tal vez tengas un tatuaje en tu alma. El estigma del divorcio, la impureza sexual, la adicción o la desesperación. ¡Ojalá pudieras dejar de lado la desgracia del fracaso pasado de una manera permanente!

Dios tenía que quitar aquella vergüenza de la nación para que fueran libres de creer en sus promesas. Había que apartar las piedras de tropiezo antes de que cayeran los muros.

A pesar del milagro de cruzar el Jordán, los israelitas probablemente se volvieron a sentir como langostas cuando acamparon en las sombras de la poderosa Jericó. Allí iban a tener que intercambiar, de una vez y para siempre, la mentalidad de la derrota por la de la victoria. Con Dios eran gigantes a punto de aplastar a las langostas.

Una vez que hubiera desaparecido la vergüenza del pasado, Dios cambiaría la desgracia de la derrota por el gozo de la victoria. ¿Qué sucedió en Gilgal?

Gilgal era un lugar de recuerdo

Después que todo el mundo había cruzado el río seco, Josué pidió a los doce representantes que regresaran al río, cada uno llevando una piedra que se usaría como recordatorio. "Tomad del pueblo doce hombres, uno de cada tribu, y mandadles, diciendo: Tomad de aquí de en medio del Jordán, del lugar donde están firmes los pies de los sacerdotes, doce piedras, las cuales pasaréis con vosotros, y levantadlas en el lugar donde habéis de pasar la noche" (Jos. 4:2-3).

El mismo Josué acompañó a los representantes e hizo su propio monumento justo en medio del río (ver v. 9). Colocó doce piedras allí donde nunca nadie las vería otra vez a menos que el Jordán se secara en el futuro. Las doce piedras visibles en Gilgal representaban las doce piedras invisibles en el agua.

Imagino que habré visto un centenar de monumentos en mi vida. En Washington hay el Monumento a Lincoln, el Monumento a Jefferson, el Monumento a Washington y docenas de otros monumentos a héroes menores. En Rusia he visto monumentos a Lenin, Marx y Brézhnev. Todos esos son monumentos a hombres que, se creía, merecían un gran honor.

Necesitamos más monumentos a la fidelidad de Dios. Necesitamos recordatorios constantes de lo que Dios ha hecho en el pasado para darnos la seguridad de que estará presente cuando lo necesitemos en el futuro.

Específicamente, el vasto monumento de las doce

piedras había de ser una lección objetiva para generaciones futuras. Josué explicó: "…Cuando mañana preguntaren vuestros hijos a sus padres, y dijeren: ¿Qué significan estas piedras? declararéis a vuestros hijos, diciendo: Israel pasó en seco por este Jordán" (vv. 21-22).

El monumento los dirigiría hacia el Este, la dirección del Jordán. Ellos iban a recordar la fidelidad de Dios cuando hizo aquel gran milagro.

También los iba a dirigir en dirección Oeste, hacia la tierra que tenían que conquistar. He aquí un premio que había que ganar para Dios.

Israel nunca podría regresar al desierto. Si la nación se retiraba, las piedras clamarían contra ella. Una movida de esa naturaleza hubiera sido arrancarse el trono de Dios de sus corazones y tirarlo en la arena. Israel hubiera perdido su credibilidad entre las siete naciones de la tierra. Dios se hubiera deshonrado, y las generaciones futuras hubieran sufrido.

El monumento estaba allí para apremiarlos a confiar en Dios. Si Él podía detener un río, podía subyugar una ciudad. Si tenía control sobre la naturaleza, también tenía control sobre el ladrillo y el mortero. Todos los cristianos necesitan un monumento. Necesitamos algo que podamos señalar que nos recuerde la fidelidad de Dios.

De vez en cuando, escribo mis experiencias espirituales en un diario. Escribo los detalles de la prueba por la que estoy pasando. Hace poco, cuando celebraba diez años de ministerio en la Iglesia Moody, me senté a leer lo que había escrito a través de los años. Me asombré al ver todos los altibajos; pero me animé mucho cuando recordé algunos de los obstáculos y de las barreras que había superado con éxito, con la ayuda de Dios.

Un verano, mientras me encontraba de vacaciones, estaba muy ansioso por una serie de problemas que tenía en la iglesia. En la parte superior de una página del diario. escribí: ASUNTOS ENTREGADOS TOTALMENTE A DIOS. Luego había una lista de lo que me preocupaba. Ahora, varios años después, me senté y sonreí cuando los leí porque Dios se había ocupado de todos esos asuntos hacía mucho tiempo, y los problemas no eran ni remotamente tan importantes como yo pensaba. Tal como dijo cierto hombre: "¡Mi vida ha estado llena de toda clase de emergencias que nunca han sucedido!".

La vergüenza de la derrota se borra cuando contemplamos la fidelidad de Dios. ¿Necesitas valor para afrontar a los enemigos de tu alma? Refresca tu memoria respecto a cómo Dios te ha guiado en el pasado. Lee los salmos que hablan de la dependencia de Dios en el pasado como base para la confianza futura. Pídele a Dios que te ayude a edificar un monumento a su fidelidad.

Pero Gilgal miraba tanto adelante como hacia atrás. Así que Dios les dio algunas lecciones para estimular su apetito por la nueva tierra.

Un lugar de renovación

Ahora Dios les pedía que reinstituyeran dos ritos que no habían practicado en el desierto.

El primero era la circuncisión. Los varones que eran lo suficientemente mayores para haber participado del Éxodo habían sido circuncidados, pero no la generación más joven. Eso se haría ahora en obediencia a Dios (ver Jos. 5:2-9).

¿Por qué no se practicaba eso en el desierto? La circuncisión fue dada por Dios a Abraham como señal del pacto. Jehová dijo que ese rito sería un recordatorio de que el pueblo recibiría la tierra y tendría una posteridad que duraría para siempre.

Pero cuando uno está en el desierto, no está exactamente emocionadísimo por las promesas de Dios. ¿A quién le importa si Dios prometió algo? Las promesas que no se han cumplido son inútiles y engendran cinismo.

En segundo lugar, estaba la Pascua. La nación había celebrado la Pascua en Egipto la noche en que se fueron para cruzar el Mar Rojo. Luego la celebraron otra vez en el monte Sinaí (ver Nm. 9:5). Pero como, evidentemente, ellos la habían descuidado, esto también se reavivó en Gilgal (ver Jos. 5:10-11).

En el desierto, la Pascua probablemente parecía fuera de lugar. Representaba la fidelidad de Dios para sacarlos de la opresión de Faraón. Pero el pueblo no veía nada que mereciera celebración; ¡querían regresar a Egipto y se arrepentían de haberse ido! Acampar en la caliente arena durante cuarenta años no los puso exactamente en el ánimo de celebración.

Gilgal también representaba la primera vez que Dios dejó que los israelitas gustaran el fruto de la tierra (ver v. 12). Al fin comenzaron a entender en carne propia la razón por la que Dios los había sacado de Egipto. Dios había prometido llevarlos a una "tierra de trigo y cebada, de vides, higueras y granados; tierra de olivos, de aceite y de miel; tierra en la cual no comerás el pan con escasez, ni te faltará nada en ella…" (Dt. 8:8-9). Comenzaron a darse cuenta de que las historias que habían escuchado eran verdad, después de todo. Sí, era una tierra en la que fluía leche y miel; había maíz y grano y pepinos. El sabor que tenían en la boca era un recordatorio tangible de que la tierra era tal como Dios había dicho que sería.

Si te encuentras hoy en el desierto, tienes que acordarte de la fidelidad de Dios. También tienes que renovarte con las promesas de Dios. Una vez que hemos gustado de la benignidad del Señor, perdemos el apetito del menú del desierto.

La pregunta que tenemos que hacer es: ¿Por qué estamos viviendo en un desierto cuando Dios nos ha bendecido tan ricamente en Cristo?

> Mi padre es rico en casas y tierras,
> tiene en sus manos las riquezas del mundo.
> Sus cofres están llenos de rubíes y diamantes,
> plata, oro y riquezas abundantes.
> Soy hijo del Rey, hijo del Rey:
> con Jesús mi Salvador, del Rey hijo soy.

¿Qué promesas de Dios hemos dejado que se nos escurran por entre los dedos?

Un lugar de realización

Todavía había una pregunta importante que debía contestarse: ¿Quién iba a estar a cargo de la campaña militar contra Jericó? Josué necesitaba la seguridad de que estaba bajo el control de alguien más poderoso que él. Sin esperarlo se enteró de dónde encajaba en la cadena militar de mando.

Esa noche, con todos los emocionantes acontecimientos que le daban vueltas en la cabeza, Josué decidió ir a Jericó caminando para ver la ciudad por sí mismo. Sin duda alguna, estaba planeando una estrategia para tomar la ciudad. Por supuesto, no sabemos exactamente lo que pensaba.

De repente, apareció un soldado con una espada desenvainada en la mano. Josué no reconoció al guerrero y preguntó: "...¿Eres de los nuestros, o de nuestros enemigos?"

(Jos. 5:13). Si aquel era un israelita, Josué quería saber qué estaba haciendo allí, pues era pasada la hora del toque de queda. Si era cananeo, Josué estaba listo para pelear.

Pero el hombre no contestó la pregunta. No estaba del lado del enemigo ni tampoco afirmó que estuviera del lado de Josué. "…No; mas como Príncipe del ejército de Jehová he venido ahora…" (v. 14).

¿Quién era aquel? Los eruditos bíblicos de todos los siglos han llamado a esto "teofanía", es decir, una manifestación de Dios, específicamente de Cristo. Aquel era Cristo que apareció como hombre mil cuatrocientos años antes de que apareciera como bebé en Belén. Era Dios en forma humana. No es de sorprenderse que Josué se postrara en actitud de adoración.

¿En calidad de qué había ido? Como "Príncipe del ejército de Jehová". Él era capitán de los ejércitos de Dios. Representaba a los ejércitos invisibles, a los ángeles que estaban bajo su mando para pelear por el pueblo de Dios.

Como racionalistas del siglo XXI, a menudo no apreciamos la conexión directa que hay entre las batallas físicas y las espirituales. No se trata solamente de un problema contemporáneo, sino antiguo.

Considera la siguiente situación: un día, un profeta llamado Eliseo estaba sentado con su siervo cerca de la ciudad de Dotán en el norte de Israel. El ejército sirio había rodeado la ciudad para capturar a Eliseo. El siervo estaba aterrorizado, pero el profeta le aseguró: "…No tengas miedo, porque más son los que están con nosotros que los que están con ellos. Y oró Eliseo, y dijo: Te ruego, oh Jehová, que abras sus ojos para que vea. Entonces Jehová abrió los ojos del criado, y miró; y he aquí que el monte estaba lleno de gente de a caballo, y de carros de fuego alrededor de Eliseo" (2 R. 6:16-17).

Si Dios tocara nuestros ojos para poder ver la esfera espiritual, nos asombraríamos de la actividad tipo torbellino que hay a nuestro alrededor a cada minuto. Nuestro mundo está poblado de ángeles y demonios que son extensiones de la actividad de Dios y del diablo.

Cristo dijo en Getsemaní que había decenas de miles de ángeles listos para librarlo si Él daba la orden. Los ángeles son "…espíritus ministradores, enviados para servicio a favor de los que serán herederos de la salvación…" (He. 1:14).

Las batallas que a veces explicamos como fenómenos naturales, en realidad pueden ser extensiones de batallas espirituales. Sí, incluso la toma de Jericó no fue solamente un asunto de estrategia militar, sino un asunto de combate espiritual. La victoria obtenida por Josué en la esfera física solo era el resultado de una batalla más feroz en la esfera espiritual.

Las personas a menudo se preguntan cómo podemos saber si un problema es demoníaco o es una batalla contra nuestra propia naturaleza pecaminosa. A veces, la actividad de Satanás es difícil de percibir porque él trabaja a través de la debilidad y los pecados de la carne para lograr sus propósitos. Pero podemos estar bastante seguros de que toda batalla espiritual implica conflicto con las huestes de las tinieblas. El alcance de la actividad demoníaca puede variar, pero el hecho de que estamos en conflicto con esos espíritus es innegable.

Josué debía aprender que tenía que prestar más atención a su propia vida espiritual (y la de la nación) que a la estrategia militar. Si su mente se centraba en la obediencia a Dios, el desafío militar se resolvería.

Él tendría que aprender que conquistar una ciudad es más fácil que conquistar el propio corazón. El resto del libro de Josué demuestra un principio básico: *La condición del corazón por dentro determina el resultado de la batalla por fuera.* Con una sabiduría característica, Lutero dijo: "Le temo a mi propio corazón más que a todos los cardenales y al papa".

Fíjate que el hombre con la espada desenvainada no respondió directamente la pregunta de Josué. ¡No dijo de qué parte estaba!, porque cuando Dios entra en escena no toma partido... *Él viene para hacerse cargo de todo.* Josué ahora se daba cuenta de que el asunto estaba fuera de su control. Dios no estaba de su lado para ayudarlo; Dios iba delante de él y lo único que le pedía era que lo siguiera. No era cuestión de *bandos,* sino de *soberanía.* La batalla no era suya, sino del Señor.

Piensa en cómo debió haber dormido Josué esa noche ¡sabiendo que Dios tenía el control! Cuando Dios se hace cargo, pone fin a nuestros propios planes.

Termina nuestra manipulación porque Dios se ha hecho cargo.

Termina nuestra ansiedad porque Dios se ha hecho cargo.

Termina nuestro orgullo porque Dios se ha hecho cargo.

Termina nuestra exaltación porque Dios se ha hecho cargo.

Termina la crítica de los demás porque Dios se ha hecho cargo.

Dios es perfectamente capaz de borrar la vergüenza del fracaso y sustituirla con la mentalidad de la victoria. El toque de Dios puede borrar el tatuaje de nuestra alma. Deja que Dios se lleve tus fracasos y te prepare para tu mayor reto.

¡Jericó está a la vuelta de la esquina!

Capítulo 7

Tu primera gran batalla

Josué 6

Se cuenta la historia de dos hombres, ambos gravemente enfermos, que compartían la misma habitación de hospital. A uno de ellos, se le permitía sentarse en la cama durante una hora por las tardes como parte de su tratamiento para drenar líquido de los pulmones; y su cama se encontraba junto a la ventana.

Sin embargo, el otro hombre tenía que pasar todo el tiempo acostado; ambos tenían que estar quietos. No podían leer, escuchar la radio y, por supuesto, no podían mirar televisión. Conversaban durante horas sobre sus esposas, sus hijos, sus hogares y sus trabajos.

Todas las tardes, cuando el hombre de la cama junto a la ventana se sentaba durante una hora, pasaba el tiempo describiendo lo que veía afuera. Y el otro hombre comenzó a vivir para esperar esas horas.

Aparentemente, la ventana daba a un parque que tenía un lago en el que había patos, cisnes, niños que les tiraban pan y jugaban con barquitos veleros, además de jóvenes enamorados que caminaban tomados de la mano; había flores y extensiones de césped, juegos de *softball*, personas que tomaban el sol y, en la distancia, una delgada línea del horizonte de la ciudad.

El hombre que estaba acostado escuchaba todo eso y disfrutaba minuto a minuto: cómo libraron a un niño de caerse en el lago, lo hermosas que se veían las niñas con sus vestidos de verano, y luego un emocionante partido de pelota, o un niño jugando con su perrito. Llegó un momento en que el hombre que se encontraba acostado casi podía ver lo que estaba sucediendo afuera.

A medida que los días pasaban, el hombre que tenía que estar acostado se volvió resentido porque no podía sentarse junto a la ventana para ver todo aquello por sí mismo. Se quejaba, no dormía y se enojaba cada vez más por su condición.

Una mañana, encontraron muerto al hombre que estaba junto a la ventana; se llevaron el cuerpo silenciosamente. Tan pronto como le pareció prudente, el otro hombre preguntó si lo podían cambiar a la cama que estaba junto a la ventana. Y cuando lo cambiaron, lo metieron en la cama, lo pusieron cómodo y lo dejaron solo para que estuviera quieto y tranquilo.

Tan pronto se fueron, él se sentó apoyándose en el codo, con mucho dolor y trabajo, y miró por la ventana. Lo que tenía en frente era una *¡pared blanca!*

Todos nosotros, tarde o temprano, nos vamos a encontrar acorralados, sin puerta ni ventana. Encontraremos una pared blanca en nuestro camino espiritual que será difícil de quitar, por no decir imposible. Estará allí para provocarnos con burlas y también para perseguirnos. Cuando pensamos en conquistarla, parece como si gritara: "¡A que no te atreves!".

Josué se encontraba a unos cuantos kilómetros de Jericó frente al reto más grande de su carrera. Los arqueólogos nos dicen que los muros tal vez tenían 3,5 m de grosor y de 6 a 9 m de altura. Los vigías probablemente se paraban sobre los muros para informar si había movimientos de soldados y asegurarse de que nadie tuviera el valor de escalar los muros con una escalera y una cuerda. Detrás de aquellos muros, había formidables armas de guerra suficientes para hacer estremecer al soldado más valiente. Penetrar ese recinto fortificado y derrotar al enemigo era más de lo que se podía esperar del mal equipado ejército israelita.

Mientras Josué contemplaba aquellos enormes muros, tuvo la fe de ver más allá de ellos. Aunque muchos de sus aterrorizados soldados veían solamente ladrillo y mortero, Josué pudo ver la gloria de Dios. El ojo de la fe no se ciega por las circunstancias; por muy altos que sean los muros, Dios es todavía más alto.

Ahora que el oprobio de Israel había sido eliminado en Gilgal, la nación estaba lista para su primera guerra de verdad. El pueblo podía volver a creer.

Tal como ya se ha indicado, Jericó representa en sentido figurado la oposición de Satanás cuando comenzamos a tomarnos a Dios en serio. Cuando cruzamos nuestro Jordán mediante la sumisión y la fe, vamos de inmediato camino al desaliento. Nos encontramos con un enemigo que parece más grande cada momento que pasa. Nos enfrentamos a esos muros cuyos fundamentos son profundos y parecen ascender a los cielos.

Tu Jericó puede ser tu pasado de abuso, rechazo o dolor emocional. Puede ser la desintegración de tu matrimonio, un desastre económico o la inmoralidad. Sea lo que fuese, estorba en tu caminar con Dios.

El Señor está preparado para ayudarnos en nuestra necesidad tal como lo estaba para ayudar a Josué en la

suya. Ganarles a nuestros enemigos es un don de Dios,
pero se debe recibir con determinación y fe.

Dios comienza haciéndole a Josué una promesa: "Mas
Jehová dijo a Josué: Mira, yo he entregado en tu mano
a Jericó y a su rey, con sus varones de guerra" (Jos. 6:2).
Aquí tenemos la misma promesa hecha anteriormente,
que se repite para esta situación específica.

De una manera increíble, Dios volvió a hablar de la
promesa en tiempo pasado: "Yo *he entregado* en tu mano
a Jericó". Los israelitas pudieron haber protestado señalan-
do los muros enormes y las puertas cerradas. ¿Qué quiso
decir Dios cuando dijo que la ciudad ya les pertenecía?

Pero el Señor a menudo habla en pasado sobre los acontecimientos futuros. Hasta el profeta Isaías escribió sobre
la crucifixión seiscientos años antes de Cristo, como si ya
hubiese sucedido (ver Is. 53:5). El apóstol Pablo se refirió
a Dios como quien "…da vida a los muertos, y llama las
cosas que no son como si fuesen" (Ro. 4:17).

Así como Israel recibió la tierra de parte de Dios como
una posesión presente, así nosotros hemos sido bendecidos
"…con toda bendición espiritual en los lugares celestiales en Cristo" (Ef. 1:3). Ahora mismo, en medio de todas
nuestras derrotas y victorias, lo tenemos todo.

La promesa fue muy específica: el rey de Jericó y sus
guerreros serían vencidos. *Eso* estaba claro, lo que no estaba claro era *cómo*.

Una vez más, Josué se vio obligado a confiar en que
Dios haría un milagro. El Señor le había dado instrucciones minuciosas en cuanto a lo que él y sus ejércitos
tenían que hacer, pero no sabía nada de lo que *Dios* estaba haciendo. La obediencia no significa que entendamos
cómo y cuándo Dios va a obrar.

Las instrucciones del Señor fueron: "Rodearéis, pues, la ciudad todos los hombres de guerra, yendo alrededor de la ciudad una vez; y esto haréis durante seis días. Y siete sacerdotes llevarán siete bocinas de cuernos de carnero delante del arca; y al séptimo día daréis siete vueltas a la ciudad, y los sacerdotes tocarán las bocinas. Y cuando toquen prolongadamente el cuerno de carnero, así que oigáis el sonido de la bocina, todo el pueblo gritará a gran voz, y el muro de la ciudad caerá; entonces subirá el pueblo, cada uno derecho hacia adelante" (Jos. 6:3-5).

Evidentemente, esas instrucciones no se aplican a nosotros de forma literal, pues nuestra Jericó es bien diferente de la antigua ciudad situada a casi cinco kilómetros al oeste del Jordán. Sin embargo, sí tenemos algunos principios importantes que nos ayudarán a entender cómo se han de capturar nuestras ciudadelas particulares.

Marchamos a la defensiva

Sí, Israel tenía algunos hombres de guerra, pero eran muchísimo menos que los del enemigo. Tal como ya se ha señalado, sus armas eran inferiores, y su estrategia ponía a prueba la credulidad. Como dijo Kent Hughes: "El testimonio uniforme de la historia militar es que al enemigo se le conquista por la fuerza. Los muros de una ciudad desaparecen con bombardeos. Luego se trepan con escalera y cuerda. Las puertas se destruyen con arietes. Los soldados se toman a espada. Las ciudades no caen delante de místicos que tocan mala música usando 'cuernos' de carneros" (*Living on the Cutting Edge* [Cómo vivir en la vanguardia] Westchester, Ill: Crossway, p. 74).

Las ventajas unilaterales de los cananeos eran evidentes para todos. Incluso aparte de las armas inferiores de los israelitas, las probabilidades siempre son mejores para el ejército que está atrincherado detrás de una fortificación. Ya hemos aprendido que es mucho más difícil capturar una posición enemiga que defenderla.

Incluso hoy marchamos con Dios como nuestro único escudo. "He aquí, yo os envío como a ovejas en medio de lobos; sed, pues, prudentes como serpientes, y sencillos como palomas" (Mt. 10:16), dijo Cristo a sus discípulos. A menos que Dios nos defienda, estamos perdidos.

La experiencia de Josué en Jericó es un recordatorio de que no hay fortificación que sea demasiado grande para que Dios lo venza. Tenemos que marchar con la confianza de que Dios nos dará la estrategia correcta para vencer al enemigo. Bienaventurados los que pueden ver más allá de sus propios muros al Todopoderoso.

Marchamos con paciencia

Durante seis días, los israelitas marcharon alrededor de la ciudad sin prueba alguna de que estaban cerca de la victoria. Incluso cuando comenzaron la marcha el séptimo día, no parecían estar más cerca de su meta. Imagínate las conversaciones de la noche anterior cuando los niños preguntaban por qué había que repetir aquel ejercicio tan agotador y aburrido. A pesar de toda la marcha, los muros no se hacían más pequeños, el enemigo no se debilitaba, y los israelitas no se volvían más fuertes. Josué no podía ofrecer ni una pizca de razón para obedecer a Dios.

Fridtjof Nansen, un explorador, se perdió con su compañero en los yermos árticos. Debido a un mal cálculo, se les terminaron todos los suministros. Se comieron los perros, los arneses de los perros, el aceite de ballena para las lámparas. El compañero de Nansen se acostó para morir, pero Nansen se dijo a sí mismo: "Puedo dar un paso más". Mientras avanzaba pesadamente en aquel terrible frío, paso a paso, de repente se encontró con una expedición estadounidense que había salido a encontrarlo.

No sabemos lo que Dios podría hacer cuando demos ese paso adicional. El doctor Alan Redpath ha sugerido que muchos no ven las respuestas a sus oraciones, ¡porque se han detenido en la vuelta número doce en la conquista de su Jericó personal! Tal vez estemos haciendo todo lo correcto, y simplemente debemos seguir haciéndolo. Puede que el enemigo caiga pronto en nuestras manos.

Marchamos silenciosamente

Había un tiempo de gritar, pero también, un tiempo de guardar silencio. Los israelitas ni siquiera podían animarse con gritos de victoria. Lo más probable es que los cananeos gritaran abucheos por encima de los muros, burlándose de las desventuradas tropas que estaban abajo. Sin embargo, ellos no podían responder con venganza. Tenían que guardar silencio y ver la gloria del Señor.

"Venid, ved las obras de Jehová, que ha puesto asolamientos en la tierra. Que hace cesar las guerras hasta los fines de la tierra. Que quiebra el arco, corta la lanza, y quema los carros en el fuego. Estad quietos, y conoced que yo soy Dios; seré exaltado entre las naciones; enaltecido seré en la tierra. Jehová de los ejércitos está con nosotros; nuestro refugio es el Dios de Jacob" (Sal. 46:8-11).

Quedémonos quietos y sepamos que el Señor es Dios.

Marchamos unidos

El pueblo estaba bien organizado cuando marchó alrededor de Jericó. Primero llegaron los hombres de guerra, luego siete sacerdotes que llevaban siete trompetas, y detrás de ellos venía el arca del pacto. El pueblo siguió esta procesión en su recorrido por la ciudad.

Aquella no había de ser una victoria para Josué solo. Aquello era "poder del pueblo"; o más precisamente, el poder de una nación unida en dependencia de Dios. Juntos iban a vivir o a morir.

Si estás afrontando una Jericó fuerte, no puedes hacerlo solo. El cuerpo de Cristo ha de funcionar en unidad, hay fortaleza espiritual en las cantidades. Si esos números están completamente entregados a Dios, hay razón para creer que las *Jericós* tendrán que caer. Tenemos que compartir nuestras cargas con otros que las pueden aligerar, otros que entienden el poder de la oración intercesora. Y si un creyente tropieza, otro tiene que estar allí para amortiguar la caída.

Marchamos con expectativa

Cuando caminaron alrededor de la ciudad por séptima vez el séptimo día, Dios hizo un milagro. "Entonces el pueblo gritó, y los sacerdotes tocaron las bocinas; y aconteció que cuando el pueblo hubo oído el sonido de la bocina, gritó con gran vocerío, y el muro se derrumbó. El pueblo subió luego a la ciudad, cada uno derecho hacia adelante, y la tomaron" (Jos. 6:20).

Aquellos enormes muros se derrumbaron por una razón: el capitán del ejército del Señor habló, y sus ejércitos invisibles los derribaron. Por el lado de la colina, se deslizaron enormes cantidades de escombros y lodo seco, los cuales se convirtieron en los escalones que los israelitas usaron para ir a la ciudad y destruir a la atemorizada población.

Los israelitas mismos estaban asombrados con lo que

Dios había hecho. Él prefiere mantener sus planes en secreto; nosotros no tenemos que saber lo que va a hacer hasta que en realidad lo hace. Nuestra responsabilidad es andar por fe, sabiendo que puede haber una sorpresa a la vuelta de la esquina.

Marchamos triunfalmente

Aunque los muros de Jericó cayeron, la batalla no había terminado. No solo el pueblo tenía que ser exterminado, sino que era preciso quemar todas sus posesiones. Solo se conservaron la plata y el oro para el tesoro del Señor. Todo lo demás se quemó.

Muchas personas se sienten perturbadas ante el hecho de que Dios le haya ordenado a Josué que exterminara a todo el mundo (a excepción de Rahab, claro). Sin embargo, tenemos que recordar que estas personas eran sumamente depravadas y que su copa de maldad estaba rebosando (ver Gn. 15:16). Eran tan corruptos que una fe pura no podía coexistir con ellos. Su idolatría infectaría a la nación de Israel. Dios estaba dando el aviso de que *el pecado es sumamente contagioso.*

Piensa en las tentaciones que el pueblo tuvo, la tentación de conservar los bueyes, la ropa y los utensilios para su propio enriquecimiento. No entendían por qué Dios les había dicho que destruyeran lo que era bueno. En batallas subsiguientes, iban a poder conservar algunos de los botines para ellos, pero en esta primera victoria militar, Dios quería darles un ejemplo perfecto: el pecado se propaga tan fácilmente que hasta los artículos que pertenecían a los cananeos debían quemarse.

Como conclusión, podemos aprender algunas excelentes lecciones de la experiencia de Israel:

1. Nuestras batallas básicas en la vida son espirituales, no físicas, emocionales y ni siquiera psicológicas. Para el que observa de una manera informal, parecería que la batalla de Jericó era un conflicto entre dos ejércitos visibles. Pero en realidad, era una batalla entre dos ejércitos *invisibles*: las huestes del Señor y las huestes de las tinieblas.

Eso explica por qué nuestro mayor reto es reclutar los recursos de Cristo para librar nuestras batallas. El verdadero conflicto no sucede únicamente entre marido y mujer, padres e hijos, empleadores y empleados. Esos conflictos solamente reflejan batallas en el mundo espiritual. Por supuesto que si Satanás no existiera, todavía habría conflictos en el mundo, pues tenemos una naturaleza corrupta y pecaminosa que constantemente insiste en ir por su propio camino. Pero la presencia de Satanás y sus espíritus malos hace que los conflictos manejables se vuelvan imposibles de manejar. El diablo toma una riña de poca importancia y la convierte en una guerra.

Detrás de nuestra Jericó visible, hay un enemigo invisible al cual se puede vencer solamente con obediencia a Dios y fe en sus promesas.

2. Que ganemos o perdamos depende de nuestro enfoque. Si permanecemos de pie contemplando los muros, van a parecer más grandes, mejor fortificados y más imposibles de superar. Si nos centramos en Dios, esos muros se convertirán en ventanas a través de las cuales podemos ver la gloria del Todopoderoso.

A menudo me he convertido en un observador de muros. He pasado tiempo analizando mis muros; he estudiado sus fundamentos, he medido su altura y he calculado su peso. Y sin embargo, después de toda mi investigación, los muros no ceden.

Durante la Segunda Guerra Mundial, un soldado joven llevó a su esposa a California, donde estaba apostado para recibir más entrenamiento. Un día se lo llevaron por dos semanas, y la joven esposa se sintió abrumada por la soledad, el calor y las primitivas condiciones de vida. Le escribió a su madre diciendo que no podía soportarlo ni un minuto más. Su madre le contestó con las siguientes dos líneas:

Dos hombres están tras las rejas de una prisión.
Uno de ellos ve el fango, el otro, estrellas.

Esas dos líneas transformaron la actitud de la joven. Empezó a ver a Dios en sus circunstancias y buscó oportunidades de sacar el mejor provecho a la situación.

Ver la belleza de Dios más allá de una pared blanca es privilegio de todos nosotros. Algunos lo hacen mejor que otros, pero todos tenemos que ver más allá de nuestra prisión, tenemos que ver a Dios.

El primer paso para vencer nuestra Jericó personal es *mirar de reojo* los muros y *fijar la vista* en Dios. "En Dios haremos proezas, y él hollará a nuestros enemigos" (Sal. 60:12).

Lo que realmente importa no es donde *estás*, sino lo que *ves*.

Capítulo 8

El alto costo del pecado oculto

Josué 7

Casi siempre, cuando una llanta explota, la causa se puede vincular a una debilidad que había estado creciendo durante meses. Esas debilidades son difíciles de identificar e incluso más difíciles de predecir. Sin embargo, una grieta pequeña, casi invisible, podría convertirse en la causa de un accidente grande.

Los fracasos espirituales y morales tienen sus causas también. Y al igual que una grieta microscópica en una llanta, esas causas pueden ser casi imposibles de detectar. A menos que nos tomemos en serio las primeras señales de alerta, nos encontraremos en un naufragio espiritual.

Pero ¿cómo descubrimos las causas de la derrota, sobre todo cuando somos muy diestros en ocultar hábilmente los pecados, incluso de nosotros mismos?

Por ese motivo, la consejería es muy difícil. Una persona lucha con la depresión: ¿la causa es física, psicológica, espiritual o una combinación de los tres? A veces la respuesta puede ser clara, y otras, tal vez nunca lo sepamos.

Otra persona vive con temores irracionales. ¿Dónde se originaron esos temores? Y si podemos descubrir la causa, ¿cuál es la cura? Hallamos retos similares en el camino cuando confrontamos a los que están participando de inmoralidad, drogas, ira o la incapacidad de formar relaciones estrechas. Esos y otros cientos de problemas personales necesitan ser analizados con la esperanza de encontrar tanto la causa como la cura.

Ampliemos el problema para incluir los males de nuestra sociedad. ¿Con qué podemos vincular nuestros males económicos, la parálisis política que hace que nuestros líderes se alejen de la moralidad? ¿Por qué se acepta tan ampliamente la matanza de niños que no han nacido a pesar de la prueba abrumadora de que estamos matando a seres humanos? ¿Por qué estamos perdiendo la guerra contra las drogas?

La historia de Acán ilustra cómo el hombre secular no suele ser capaz de descubrir las causas de la ruina personal o social. Existen fuerzas espirituales que retan el análisis de hombres que no entienden los caminos de Dios.

Piensa en los acontecimientos de Josué 7: Josué envía a unos espías a Hai para evaluar la potencia de esta ciudad, pequeña en comparación con Jericó. Los espías vuelven con buenas noticias: "...No suba todo el pueblo, sino suban como dos mil o tres mil hombres, y tomarán a Hai; no fatigues a todo el pueblo yendo allí, porque son pocos" (v. 3).

Animado con ese informe optimista, Josué envía unos tres mil hombres a tomar la ciudad. La victoria estaba prácticamente asegurada a la luz de la debilidad del enemigo. Sin embargo, de una manera sorprendente, no solo el ejército de Josué se vio obligado a retirarse, sino que se perdieron treinta y seis hombres en el proceso. Una victoria segurísima fracasó y dio como resultado una humillante derrota.

Detente un momento y pregúntate: ¿Cómo analizaría un militar la causa de la derrota? Se podrían dar varias explicaciones. El ejército israelita debió haber usado mejores armas, o tenían una estrategia mala, o tal vez simplemente subestimaron la cantidad de hombres que necesitaban. Y la lista de explicaciones podría continuar.

Es interesante notar que Josué aprendió que la causa de la derrota no tenía nada que ver con los asuntos militares. La razón era que un hombre había desobedecido a Dios en la conquista de Jericó tomando oro, plata y un manto, los cuales escondió en su tienda. En principio, esa explicación parece absurda. ¿Qué posible relación podría haber entre un robo sin importancia y treinta y seis hombres muertos en el campo de batalla? Los dos acontecimientos parecen no tener conexión alguna.

Sin embargo, Dios hace de las relaciones que no encajan nuestro excelente patrón de análisis. *Las fuerzas espirituales muchas veces están vinculadas con los acontecimientos en maneras que van más allá de nuestro entendimiento.* Tenemos que aceptar una interconexión si hemos de entendernos a nosotros y los acontecimientos que nos rodean.

Consideremos tres relaciones que deben ayudarnos a señalar la causa de algunos fracasos.

Las relaciones entre las personas

Leemos: "Pero los hijos de Israel cometieron una prevaricación en cuanto al anatema; porque Acán hijo de Carmi, hijo de Zabdi, hijo de Zera, de la tribu de Judá, tomó del anatema; y la ira de Jehová se encendió contra los hijos de Israel" (Jos. 7:1).

Si yo hubiera sido de la tribu de Simeón, tal vez habría objetado quejándome de que no tenía nada que ver con el pecado de Acán. Lo que él hizo era asunto suyo. ¿Por qué debería yo sufrir por lo que hizo alguien de otra tribu?

Por muy razonable que pueda ser esa manera de pensar, el hecho es que la nación entera de alguna manera participó en este incidente. De hecho, fue toda la nación que sintió el golpe de la derrota del ejército en Hai. El pecado nunca es solamente asunto del pecador; siempre afecta a otros.

Al dar la ley, el Señor dijo: "...yo soy Jehová tu Dios, fuerte, celoso, que visito la maldad de los padres sobre los hijos hasta la tercera y cuarta generación de los que me aborrecen, y hago misericordia a millares, a los que me aman y guardan mis mandamientos (Éx. 20:5-6).

Los padres afectan a sus hijos para bien o para mal. La influencia de la red familiar es tan potente que todos llevamos el sello de nuestra crianza. Sí, los padres nos pueden bendecir o maldecir; nos pueden motivar a la piedad o desalentarnos para no desarrollarnos espiritualmente. Muchas veces, los pecados de los padres se perpetúan en la vida de sus hijos. La interconexión de familias ha sido establecida por Dios.

Una mujer vino a verme para pedir consejo respecto a su hija adolescente que estaba consumiendo drogas y era inmoral. Mi primera pregunta fue: "¿Cómo se llevan usted y su esposo?". Resultó que se habían separado hacía poco por causa de una infidelidad conyugal. Lo que ella no sabía era que el descarrío de su hija se podía vincular con el ejemplo y la influencia de sus padres.

Los niños criados en familias disfuncionales deben aprender que Dios puede acabar con esas influencias negativas. Sin embargo, como esas influencias de los padres pueden surgir inesperadamente, los hijos deben protegerse de tentaciones y debilidades especiales. No hay padre o madre que pueda decir que su pecado no es asunto de alguien más. Por muy secreto que pueda ser el pecado, sus efectos se desbordan hacia la vida de los demás.

Por supuesto, lo mismo se aplica a los hijos criados en hogares donde los padres u otros parientes han participado en actividades demoníacas. Las influencias demoníacas muchas veces se pasan de una generación a otra. Un día a Cristo le pidieron que echara fuera un demonio de un muchacho que era atormentado por espíritus malos (ver Mr. 9:18). Cuando al padre le preguntaron cuánto tiempo hacía que sucedía aquello, contestó: "Desde niño" (v. 21). Era evidente que aquel niño no había cometido pecados para invitar al espíritu. Es probable que los otros parientes hubieran participado en actividades ocultistas.

Felizmente, Cristo puede acabar con las influencias destructoras de las relaciones familiares. Los adultos no pueden culpar a su pasado de sus fracasos, pues Dios dice: "…el hijo no llevará el pecado del padre, ni el padre llevará el pecado del hijo; la justicia del justo será sobre él, y la impiedad del impío será sobre él" (Ez. 18:20). No obstante, las influencias familiares pueden ser poderosas. Las familias no solo tienen conexiones físicas, sino también espirituales. Nadie vive ni muere solo para sí.

Lo mismo se aplica al cuerpo de Cristo. Un cristiano individualista podría pensar que su frialdad de corazón no afecta a nadie más. Pero no hay creyente que no ejerza una influencia en todo el cuerpo.

Imagina un cubo de agua calentada, digamos, a 38 °C. Cada uno de nosotros recibe una taza de agua para echarla en el recipiente grande. Si el agua de nuestra taza está caliente, fría o tibia, afectará a la temperatura del cubo completo.

Las personas dentro de una iglesia pueden crecer

espiritualmente, incluso si la mayoría de los miembros son carnales. Sin embargo, el efecto negativo de los que son espiritualmente fríos, de seguro se sentirá. Algunos de los órganos del cuerpo humano pueden estar sanos mientras otros están enfermos, pero el funcionamiento del cuerpo queda perjudicado. No hay parte del cuerpo que pueda decir que es autónoma, ya que cada célula contribuye con el funcionamiento del cuerpo, o le resta.

Cuando Acán pecó robando lo que había sido prohibido específicamente por Dios, el Señor dijo: "Israel ha pecado". La nación completa sintió el aguijón de la desobediencia de un hombre.

Tal vez haya una grieta pequeña (o grande) en mi vida o en la tuya que se pueda vincular con nuestra influencia familiar, o quizás hayamos sido afectados negativamente por la debilidad de nuestra familia eclesial. Tenemos que pedir a Dios que elimine esos efectos negativos y que fortalezca nuestra vida mediante el arrepentimiento (si estamos tolerando el pecado) y una firme disciplina. O quizás la grieta sea totalmente culpa mía. De cualquier forma, tengo que asegurarme de que esté sanada.

Una grieta pequeña puede producir una explosión grande.

La relación entre los pecados

A la larga, Acán se vio obligado a confesar su pecado y a contar públicamente toda la historia: "Pues vi entre los despojos un manto babilónico muy bueno, y doscientos siclos de plata, y un lingote de oro de peso de cincuenta siclos, lo cual codicié y tomé; y he aquí que está escondido bajo tierra en medio de mi tienda, y el dinero debajo de ello" (Jos. 7:21).

El pecado comenzó secretamente. Él *codició* el manto y el dinero que quedó atrás en la destrucción de Jericó. Entonces los *robó* y los *escondió*. El pecado que comenzó en su corazón al poco tiempo incluyó todo su cuerpo. Y con el tiempo afectó a toda su familia.

Cuando toleramos el pecado, ponemos en movimiento una serie de dominós que finalmente nos llevan a la ruina. El alcohólico únicamente veía el goce del primer trago; no previó la destrucción de su familia. No pudo predecir la desdicha y el yugo que a la larga arruinarían su vida. Lo mismo sucede con pecados como la inmoralidad, la codicia y el engaño.

Permitir que un pecado reine libremente en nuestra vida es como un incienso que arde en un dormitorio. Por muchas toallas que se coloquen debajo de la puerta, al poco tiempo se percibe el olor en los pasillos. Pronto el aroma se cuela en el ascensor y hasta en el próximo piso. De la misma forma, no hay manera de que el pecado pueda quedar bien confinado.

En alguna parte, leí acerca de las tres leyes de la siembra y la cosecha. En pocas palabras son: (1) Siempre cosechamos lo que sembramos. Pablo lo explicaba de esta manera: "No os engañéis; Dios no puede ser burlado: pues todo lo que el hombre sembrare, eso también segará. Porque el que siembra para su carne, de la carne segará corrupción; mas el que siembra para el Espíritu, del Espíritu segará vida eterna" (Gá. 6:7-8). Si sembramos sensualidad, la cosecharemos; si somos codiciosos, cosecharemos los amargos frutos que acompañan a la codicia.

Luego: (2) Uno siempre cosecha más de lo que siembra. Un grano de trigo puede producir tal vez cincuenta semillas. El pecado produce consecuencias mucho mayores que el pecado que se cometió. David nunca hubiera soñado que un acto de inmoralidad con Betsabé, a la larga causaría la desintegración de su familia y le traería desdicha a él y a su reino. El pecado, igual que un fuego forestal, comienza con un solo fósforo y luego se propaga de maneras impredecibles y caprichosas. Definitivamente, cosechamos más de lo que sembramos.

Por último: (3) Cosechamos en una época distinta de la que sembramos. Eso es lo que hace que el pecado sea tan engañoso: las consecuencias inmediatas parecen ser mínimas y tal vez invisibles. Si uno siembra una bellota y regresa al mismo lugar todos los días durante un mes, parecerá que está muerta. Puede que ocultemos nuestros pecados e incluso que controlemos las consecuencias, pero solo por un tiempo.

Eso explica por qué es tan difícil deshacerse de algunos pecados; su poder aumenta con los otros vicios que se toleran en el alma. Los pecados secretos echan raíces profundas en el suelo del corazón, y con el tiempo, esas raíces brotan.

La relación en el juicio

La historia de cómo Acán fue identificado es un ejemplo claro de hasta dónde llegamos para mantener ocultos los pecados vergonzosos. Josué recibió un mandato de Dios de encontrar al culpable mediante las suertes.

En primer lugar, la tribu de Judá "fue tomada", es decir, la suerte indicó que el ladrón era de esa tribu en particular. Después se identificó a la familia de Zera. Luego la suerte comenzó a cerrar el círculo alrededor de la casa de Acán, y este finalmente fue señalado como el que había desobedecido las instrucciones del Señor (ver Jos. 7:16-21).

Ponte en el pellejo de Acán. Sabes muy bien que te van a descubrir. Sabes que Dios usará la suerte para hacer saber a Josué quién es el culpable de ese pecado. ¿Por qué no evitarle a Josué la molestia y confesar públicamente? ¿Por qué mantener la nación en suspenso cuando sabes que tendrás que enfrentar lo inevitable?

Por muy lógico que eso parezca, tú y yo probablemente hubiéramos hecho lo mismo que Acán. Nos hubiéramos callado el mayor tiempo posible. La vergüenza de ser descubierto es tan grande que daríamos cualquier cosa por comprar unos cuantos momentos más de hipocresía. A nadie le gusta que sus pecados secretos salgan a la luz. Por eso la mentira y el engaño acompañan a todos los demás pecados.

En su libro *People of the Lie* [Gente de la mentira] (New York: Simon & Schuster, 1983, p. 75), M. Scott Peck habla de algunas personas que son muy hábiles ocultando el mal. Esas personas, dice él, "…se dedican enteramente a preservar su propia imagen de perfección, se esfuerzan constantemente por mantener la apariencia de la pureza moral. Se preocupan muchísimo por eso… se visten bien, van al trabajo a tiempo, pagan sus impuestos y por fuera parecen vivir una vida sin reproche".

Peck sigue diciendo: "Las palabras 'imagen', 'apariencia' y 'por fuera' son cruciales para entender la moralidad del mal. Si bien es cierto que parecen carecer de motivación para ser buenos, desean intensamente aparentar que son buenos. Su 'bondad' es totalmente fingida. Es, en efecto, una mentira. Por eso son personas de 'la mentira'".

En realidad, la mentira de la que habla Peck está concebida no tanto para engañar a los demás, sino para engañarse a uno mismo. Esas "personas de la mentira" no pueden tolerar, ni lo hacen, el dolor del autorreproche. Hasta la muerte es más tolerable que permitir que la verdad salga a la luz.

El dolor del autorreproche ha impedido que más de una persona acuda a Dios para buscar perdón y aceptación. Muchos viven una vida secreta de maldad y no están dispuestos, por mucho que les cueste, a ser desenmascarados.

A modo de paréntesis, deseo decir que cuando el poder de Dios llega a una comunidad durante períodos de avivamiento, la convicción de pecado es tan dolorosa que las personas están dispuestas finalmente a ser francas unas con otras independientemente de la humillación. *La aflicción del pecado oculto se vuelve tan grande que las personas renuncian a sus engaños llenos de orgullo y hacen lo que sea necesario para rectificar sus relaciones con Dios y con los demás.* Devuelven mercancía robada, confiesan su amargura hacia otras personas y hacen restitución por sus fracasos del pasado. El dolor de la honestidad es preferible al dolor del pecado oculto.

Acán y su familia, y hasta sus asnos, murieron apedreados a la vista de todo Israel. Luego fueron quemados y colocaron sobre sus cenizas un montón de piedras. Afortunadamente, la ira del Señor se disipó (ver vv. 24-26).

Reiteramos, tal vez nos quejemos de que no fue justo que la familia de Acán hubiera sido juzgada junto con él. Después de todo, no debía culpárseles por los pecados de él. Tal vez habían sido cómplices y sabían muy bien lo que él estaba escondiendo en la tienda. Muchas veces, familias completas tienen que participar en el juicio de los pecados de sus padres, al menos en esta vida. El niño de una madre alcohólica nace con malformaciones, o una esposa inocente recibe la mortal enfermedad del sida de su esposo inmoral.

Hemos aprendido que nuestras vidas están tan interconectadas que es imposible librarnos de los efectos de los pecados de otras personas. Así como a menudo somos bendecidos gracias a las vidas de los demás, así también somos afectados por sus pecados.

La lección de Acán es que *la causa de nuestros fracasos muchas veces puede estar fuera de la esfera de nuestra investigación inicial.* Tal vez pensemos que nuestra ira se deriva de nuestro jefe, a quien no le importa nada ni nadie, cuando la raíz del problema se puede vincular con nuestra hostilidad hacia Dios por permitir que hayamos sido víctimas de abuso a una edad temprana. El alcohólico puede estar tratando de ahogar sus sentimientos de culpa; el drogadicto podría estar tratando de lidiar con el dolor del rechazo. La raíz del pecado lleva fruto en muchas formas diferentes; crece bajo una variedad de nombres.

Una lección que Josué aprendió del "asunto de Acán" fue que la oración se puede ver obstaculizada por el pecado no confesado. Después de la derrota de Hai, Josué derramó su alma delante de Dios y hasta cuestionó por qué Él se había molestado en llevar a la nación a través del Jordán si ahora les iba a fallar. El Señor respondió: "...Levántate; ¿por qué te postras así sobre tu rostro? Israel ha pecado, y aun han quebrantado mi pacto... Por esto los hijos de Israel no podrán hacer frente a sus enemigos, sino que delante de sus enemigos volverán la espalda, por cuanto han venido a ser anatema; ni estaré más con vosotros, si no destruyereis el anatema de en medio de vosotros (vv. 10-12)".

El pecado no confesado puede obstaculizar nuestras oraciones. Una mujer que estaba pensando en cometer suicidio me dijo que una vez invocó a Dios durante horas, pero que los cielos guardaron silencio. Unas cuantas preguntas que le hice revelaron que sentía una gran amargura hacia su antiguo esposo, el cual la había traicionado. Esa raíz de amargura se había convertido en otros pecados que ella no había estado dispuesta a confesar y abandonar. Recibió ayuda de Dios cuando en lugar de orar diciendo: "¡Señor, ayúdame!", oró diciendo: "¡Señor, *perdóname*!".

Un día, un amigo mío quería orar fervientemente por su hija, que estaba a punto de casarse. Cuando se arrodilló a orar, fue como si Dios le dijera: "¡Henry, no te molestes en orar!". Eso le pareció extraño, ¡dado el hecho de que el Señor nos manda muy claramente a orar! El Espíritu Santo le trajo a la mente que años antes, él había hecho trampa en un trabajo de investigación mientras asistía a la universidad. Aquel pecado, que había quedado oculto, estaba interfiriendo en su comunión con Dios. Justo cuando regresó a la universidad y confesó su pecado, tuvo libertad en su relación con Dios y fortaleza en la oración.

El pecado oculto ha debilitado nuestra vida espiritual más que todas las presiones de la vida, de las que a menudo nos quejamos. El pecado oculto nos ha robado la energía, ha debilitado nuestro testimonio y ha arruinado a nuestras familias. Si todos los pecados ocultos de nuestra vida fueran expuestos de repente, nos quedaríamos perplejos y nos preguntaríamos cómo pudimos haber llegado tan lejos espiritualmente.

Por último, el pecado oculto *hace que sea imposible para nosotros reclamar las promesas de Dios.* Por mucho que lo intentemos, no podemos creer que Él nos dará la ayuda que buscamos si evitamos el dolor de la confesión humilde. Los treinta y seis hombres que murieron en el campo de batalla cerca de Hai no conquistaron el territorio en el que entraron, a pesar de la promesa de Dios.

Aunque parecían confiados, Él permitió que fueran aplastados como langostas.

Lutero dijo que pecar es despreciar a Dios. Cuando pecamos deliberadamente, estamos diciendo que sabemos más que Dios lo que es mejor. Nadie que esté en desacuerdo con el Señor puede esperar recibir la fortaleza que Él promete.

La parte más importante de nosotros es esa parte que nadie ve excepto Dios. El pecado secreto lleva al fracaso público. Tenemos que pedirle al Señor que examine nuestros corazones para ver si hay pecados ocultos que no hayamos estado dispuestos a encarar.

"El que encubre sus pecados no prosperará; mas el que los confiesa y se aparta alcanzará misericordia" (Pr. 28:13).

Hasta las grietas que no se ven en una llanta pueden causar una explosión.

Capítulo 9

Cómo encargarse del enemigo

Josué 8

El cristianismo siempre ha estado en conflicto con las culturas que lo rodean. Estamos reñidos con el mundo, pues sus valores están en conflicto con la voluntad revelada de Dios. Estamos en guerra con la carne, esos deseos pecaminosos que hay que controlar para que no nos destruyan. Estamos en guerra con el diablo, un ser malicioso y cruel que procura destruirnos.

La guerra con Satanás es en gran parte invisible, pues no participamos en un combate físico. Durante la Segunda Guerra Mundial, no se podían detectar muchos movimientos de soldados enemigos, pero en teoría, al menos, era posible rastrear sus paraderos. No sucede así con Satanás. No podemos ver dónde están él o sus espíritus malignos; no podemos discernir sus movimientos de un lugar a otro, aunque muchas veces percibimos su presencia que presiona nuestra mente o lo hemos confrontado en personas que están bajo su control maligno. Parece que estamos en desventaja, pues Satanás puede vernos, aunque nosotros no podamos verlo a él. Sin embargo, tal como aprenderemos, eso no nos impide obtener victorias para Dios.

Igual que sucede con todas las guerras, esta se basa en el principio del engaño. Satanás siempre llega hasta nosotros como amigo, nunca como enemigo. El poder de la tentación descansa en el mensaje de que, si cedemos, vamos a ser felices. Por tanto, el pecado siempre se presenta como algo bueno y no como algo destructivo.

Quinientos años antes del tiempo de Cristo, Sun Tzu escribió un libro clásico sobre la guerra titulado *The Art of War* [El arte de la guerra], (Nueva York: Oxford Press, 1973). Los principios militares que él enseña son las mismas estrategias que Satanás usa contra nosotros. Sun Tzu escribe sobre el oponente: "Manténgalo bajo presión y agótelo" (p. 68); "Si duplica su fuerza, divídalo" (p. 80); "Cuando esté cerca, aparente que usted está lejos, cuando esté lejos, aparente que usted está cerca" (p. 66).

Aquí tenemos otro principio que tiene sentido, desde el punto de vista militar: "El enemigo no debe saber dónde pienso atacar, pues si no lo sabe, tendrá que prepararse en muchísimos lugares, por lo cual, los que tenga para combatir en cualquier lugar serán pocos" (p. 98). La advertencia es clara: puesto que no sabemos cuándo ni de dónde vendrá el ataque, tenemos que estar listos por todas partes.

Hasta los cristianos, muchas veces nos sentimos impotentes para desafiar las mentiras que se creen con tanta facilidad. Prácticamente todos los pasos hacia abajo se representan como pasos hacia arriba. Con el estandarte del progreso, vemos la decadencia moral y espiritual a nuestro alrededor. Estamos en guerra, y destruir al enemigo no es tarea fácil.

Josué era un estratega militar que sabía cómo subyugar al oponente. Él tenía el buen sentido de saber que las guerras no se ganan con buenos deseos, sino con arduo trabajo y planificación. Sí, también hay peligro.

Cuanto más conscientes nos volvamos espiritualmente, más conscientes seremos de que nuestras batallas privadas y públicas incluyen poderes invisibles gobernados por Satanás. Pablo nos recordó que nuestras luchas no son con carne ni sangre; el conflicto espiritual es mucho más de lo que se ve a simple vista.

Nombra tu obstáculo: ira, amargura, adicción, inmoralidad, esos son los enemigos del alma que deben vencerse. Esas fuerzas y muchas otras como ellas son reforzadas por el poder de Satanás.

Josué acababa de vivir la derrota más humillante de su carrera. La causa era un pecado oculto. Josué no había buscado el rostro de Dios antes de intentar su aventura militar. Es muy posible que el Señor le hubiera revelado que había pecado en el campamento y que no debía enviar sus soldados a Hai.

Pero ahora, todo eso había quedado atrás. Josué marchaba hacia la misma ciudad que lo había derrotado. Y esta vez, la capturó para la gloria de Dios.

Analicemos los principios de la guerra que permitieron a Josué finalmente obtener la victoria en Hai. Y al hacerlo, dejemos que Hai represente nuestra batalla con Satanás. Piensa en tu área de conflicto con el diablo y en cómo puedes usar esos principios para vencerlo.

La relación entre pureza y poder

Josué acababa de aprender las terribles consecuencias del pecado oculto. Todavía estaba lamentando los treinta y seis hombres que habían muerto en el campo de batalla por causa de Acán. Era más consciente del sutil engaño de la naturaleza humana y estaba decidido a hacer hincapié en la necesidad de cultivar la santidad personal entre el pueblo.

Por mucho que lo intentemos, no podemos separar la pureza del poder. Ahora que la nación había sido limpiada de su pecado, la promesa de Dios se podía aplicar de nuevo al conflicto que tenían a mano.

Tal vez Josué todavía tenía miedo, pensando que algún otro israelita podía haber ocultado un pecado grave. Por eso el Señor repitió su promesa: "Jehová dijo a Josué: No temas ni desmayes; toma contigo toda la gente de guerra, y levántate y sube a Hai. Mira, yo he entregado en tu mano al rey de Hai, a su pueblo, a su ciudad y a su tierra" (Jos. 8:1).

¿Alguna vez has tenido que regresar a un lugar de derrota? Arthur Gossip contó una historia acerca de un muchacho que se encontraba combatiendo en la Primera Guerra Mundial y que por causa de una enfermedad no pudo afrontar al enemigo y por ello fue juzgado por un consejo de guerra. Pero a pesar del incidente, el coronel siguió tratando al muchacho de manera amigable y respetuosa. Unas cuantas semanas después, en un momento particularmente difícil, el coronel colocó al muchacho al mando de la misma compañía con la cual había fracasado. En unos cuantos días nefastos de combate, el muchacho se ganó honor tras honor además de un ascenso. "¿Qué más podía yo hacer? —dijo el muchacho a Arthur Gossip—. ¡Le fallé, y aun así él confió en mí!".

Es así como Josué debió de haberse sentido cuando hizo planes de conquistar la ciudad que lo había derrotado tan recientemente. Dios confió en él para que regresara al lugar de la derrota y lo convirtiera en un lugar de victoria.

Con el pecado de Acán ya olvidado, Josué ahora miraba al futuro. Su dependencia de Dios no lo llevó a la autocomplacencia, a esperar la victoria sin esfuerzo ni riesgos. Él vio que llega un momento en que las promesas de Dios y el esfuerzo humano convergen y obran juntos para producir el desenlace deseado. Él movilizó sus soldados y siguió una estrategia cuidadosa.

Hay que luchar juntos, no solos

Si acaso Josué había pensado en usar la misma metodología para conquistar a Hai que la que había usado con éxito en Jericó, esa idea errada se disipó rápidamente. El Señor le dijo que pusieran "...emboscadas a la ciudad detrás de ella" (Jos. 8:2). No habría desfiles alrededor de los muros ni toque de trompetas.

Permíteme bosquejar la estrategia que Josué utilizó para capturar a Hai. Eligió a hombres para que hicieran un recorrido de veinticuatro kilómetros por la noche yendo alrededor de la ciudad y acampando en el lado este. Ellos debían poner emboscada el tiempo que fuera necesario.

Luego envió hombres al Este los cuales se apostaron entre Hai y la vecina ciudad de Bet-el. Estaban allí para garantizar que no hubiera refuerzos procedentes de la otra ciudad, tal vez a ocho kilómetros de distancia. Hai sería aislada y tendría que luchar sola.

Después vino contra el lado sur de Hai a plena luz del día. Cuando los soldados de esa ciudad comenzaron a perseguirlos, Josué y su ejército huyeron aparentando estar aterrorizados por el ataque. Las fuerzas de Hai atacaron convencidas de que tenían la victoria cerca. Entonces, cuando la ciudad quedó sin guerreros, los israelitas que estaban emboscados en el valle se apresuraron masivamente y mataron a los habitantes incendiándola.

Al mismo tiempo, los soldados de Hai miraron atrás y vieron las nubes de humo que ascendían al cielo y se dieron cuenta de que habían caído en una trampa. Cuando corrieron de vuelta a la ciudad, les salieron al encuentro soldados israelitas que habían tomado la ciudad por asalto. Así, los ejércitos de Hai se encontraron atrapados entre dos ramas poderosas del ejército de Josué y no tuvieron otra opción más que caer a filo de espada. Fueron totalmente eliminados; ni uno solo de ellos sobrevivió.

Se cuente como se cuente, muchos miles de soldados participaron en la batalla de Hai y tal vez miles más permanecieron con Josué para participar en la maniobra de señuelo. Y cada soldado, ya estuviera en la línea del frente de la batalla o combatiendo como señuelo, era igualmente necesario para obtener la victoria.

Así como Josué no podía reclamar la promesa de Dios por sí solo, sino que necesitaba la ayuda de muchos otros, tampoco nosotros podemos ganarle la batalla a Satanás por nuestras propias fuerzas.

La diferencia entre una batalla y una guerra

Todas las guerras contienen una serie de batallas. Se pueden ganar o perder docenas de batallas sin que necesariamente se determine el desenlace de la guerra. Al final, es cuestión de estrategia y paciencia. El ganador es el que está de pie cuando "suena la campana".

Los cristianos somos conscientes de que Satanás muchas veces parece ganar algunas batallas. Después de todo, él tienta a los creyentes para que pequen, contribuye a la desintegración de familias y destruye el testimonio de muchos. Para el mundo que observa, e incluso para algunos cristianos, parece que él tiene una racha ganadora. ¿Qué podía ser más claro que el hecho de que el mal va en aumento, el testimonio de la Iglesia está perdiendo atractivo, y Satanás está destruyendo al pueblo de Dios? Y a pesar de todo eso, tenemos que recordar que su victoria es únicamente un espejismo, no es real.

A Josué no le preocupaba perder una batalla, siempre y cuando supiera que estaba ganando la guerra. Cuando él y sus soldados salieron huyendo de Hai, el observador casual pudo haber sido tentado a pensar que esa ciudad llevaba ventaja. Pero la pérdida de Josué era solamente un espejismo, era solo temporal. En realidad sirvió para acelerar la derrota del enemigo.

Dios pelearía por Josué. Este era simplemente un paso más para ocupar la tierra que ya había sido entregada a Israel. No se deben emitir juicios sobre la base de la aparente desorganización del ejército de Josué. El desenlace nunca se puso en duda.

Es preciso decir con énfasis que Satanás nunca tendrá la satisfacción de ganar ni una sola victoria permanente. Ni siquiera gana la batalla más insignificante. Cuando se detiene a saborear el daño que le ha hecho a este planeta, solo tiene que recordar que su juicio final será mucho mayor. Cada una de las victorias, a la larga se le escapa de los dedos y acelera su humillación y tortura. Cuanto más alto trepa, mayor es su caída.

Satanás es muy inteligente, pero no es sabio. La sabiduría le debería decir que tiene que cesar y desistir de toda actividad contra Dios. ¿Para qué disfrutar del regocijo de la victoria cuando su tormento en el infierno eterno será mucho mayor?

Al igual que las tropas de Hai cuando salían de la ciudad, Satanás está al ataque fragmentando a la Iglesia cristiana y haciéndonos perder terreno. Pero incluso mientras disfruta de nuestra difícil situación, Dios está planeando su final. Si pudiéramos ver el panorama global, nos daríamos cuenta de que el Todopoderoso está movilizando sus tropas para que la humillación de Satanás sea mayor.

El rey Pirro derrotó a los romanos en Asculum en el año 279 a.C. Sin embargo, su victoria tuvo un altísimo costo personal. Se lo cita diciendo, en efecto: "Si tengo otra victoria como esta, voy a quedar destruido". De su experiencia, obtenemos la frase "victoria pírrica", una victoria demasiado costosa para el triunfador.

Con la clase de victorias que obtiene Satanás, es seguro que se dirige a la destrucción. Podemos animarnos incluso después de una punzante derrota. El triunfo de Cristo es absolutamente seguro. Ante esta verdad, Satanás se vuelve por completo impotente y queda obligado a admitir que su próxima movida es para perjuicio suyo. Hasta cuando gana, pierde.

No juzgues la batalla por la manera en que parece ir hoy. Da un paso atrás y vislumbra cómo va a terminar. Satanás y sus legiones son echados en el lago de fuego y tienen toda la eternidad para ponderar la estupidez de sus combates contra Dios. Una eternidad de humillación, vergüenza y tormento.

Cuando somos atacados por Satanás, su primera meta es sacarnos de la protección consciente de Cristo y obligarnos a concentrarnos en nuestras circunstancias. Todos los días golpea nuestro cuerpo y nuestra mente con la esperanza de separarnos de las promesas de Dios. Usa cualquier técnica para impedirnos ver los recursos que tenemos en Cristo.

Cuanto más lejos corremos, menos fortaleza tenemos, hasta que quedamos espiritualmente exhaustos tratando de combatir con Satanás, en gran medida, por iniciativa propia. En lugar de huir hacia Cristo, disparamos a todos los blancos en movimiento que encontramos en el camino. Si alguna vez necesitamos retirarnos, que sea hacia el Señor. "Torre fuerte es el nombre de Jehová; a él correrá el justo, y será levantado" (Pr. 18:10).

Dios nos ha dado poderosas armas para que podamos detectar y desplazar al enemigo. Pablo escribió: "Pues aunque andamos en la carne, no militamos según la carne; porque las armas de nuestra milicia no son carnales, sino poderosas en Dios para la destrucción de fortalezas" (2 Co. 10:3-4).

Imagínate que vives en una ciudad amurallada junto a un enemigo que viene a menudo por el muro del norte para saquearte a ti y a tu familia. ¿No te asegurarías de que esa parte del muro estuviera fortalecida? ¿No pondría guardias el consejo de la ciudad para protegerla de intrusos y advertir a los habitantes que se avecina una invasión?

¿Cómo podemos impedir que el enemigo nos invada para así acabar con el ciclo de derrota? ¿Cómo podemos reclamar un territorio que una vez estuvo bajo nuestro control, pero que ahora es posesión de Satanás y sus demonios? La respuesta, tal como veremos al final de este capítulo, es una buena estrategia.

No transijas con el enemigo

En la vida, a menudo es necesario transigir. Las diferencias a veces exigen una componenda delicada. Pero las componendas con Satanás siempre son destructivas. Podemos ser flexibles con nuestras preferencias, pero debemos ser firmes cuando se trata de nuestras convicciones.

Ahora llegamos a un pasaje que ha provocado mucha crítica por parte de los eruditos bíblicos. Aquí tenemos un ejemplo de lo que muchos ven como una brutalidad por parte de Dios. Josué exterminó a todo el pueblo de Hai, incluidos mujeres y niños:

> Y cuando los israelitas acabaron de matar a todos los moradores de Hai en el campo y en el desierto a donde los habían perseguido, y todos habían caído a filo de espada hasta ser consumidos, todos los israelitas volvieron a Hai, y también la hirieron a filo de espada. Y el número de los que cayeron aquel día, hombres y mujeres, fue de doce mil, todos los de Hai. Porque Josué no retiró su mano que había extendido con la lanza, hasta que hubo destruido por completo a todos los moradores de Hai (Jos. 8:24-26).

¡Brutalidad! ¡Crueldad! Mujeres y niños masacrados junto con los hombres de guerra, todo hecho bajo la dirección del Todopoderoso.

Hay que tener en cuenta varias cosas. Primero, Dios fue paciente con los cananeos, como el pueblo de Hai. Siglos antes Dios dijo a Abraham que su simiente (los israelitas) estaría en Egipto durante cuatrocientos años "…porque aún no [había llegado] a su colmo la maldad del amorreo…" (Gn. 15:16). Ahora que los israelitas regresaban bajo el liderazgo de Josué, esas personas finalmente habían llegado al punto en que eran irredimiblemente malvadas.

Los arqueólogos nos dicen que los cananeos practicaban toda clase de perversión sexual conocida por el hombre. Sacrificaban a sus hijos a dioses paganos. Su cultura estaba totalmente saturada de maldad.

Segundo, siempre cabía la posibilidad de que si alguno de los habitantes sobrevivía, con el tiempo llevara contaminación moral a los israelitas. Israel tendía a adoptar los dioses de sus vecinos paganos.

Algunos eruditos liberales dicen que la Biblia no es más que un registro de cómo entiende el hombre a Dios. Por tanto, dice ese argumento, podemos ver evolución en el concepto bíblico de Dios. El Dios del Antiguo Testamento es cruel y bárbaro, mientras que el Dios y Padre de nuestro Señor Jesucristo es amoroso y tierno.

Pero los que aceptamos la Biblia completa como una revelación de Dios creemos que el carácter de Dios no evoluciona: "Porque yo Jehová no cambio…" (Mal. 3:6).

En el Antiguo Testamento, había al menos trece pecados diferentes, como el adulterio y la homosexualidad, que exigían la pena de muerte. En el Nuevo Testamento, no se prescribe ese castigo para esos pecados. ¿Ha cambiado Dios de parecer? ¿Se ha suavizado? ¿Era cruel en el Antiguo Testamento y compasivo en el Nuevo? La respuesta, claro, es que Dios no ha cambiado. Tampoco ha modificado su opinión sobre esos pecados. El carácter de Dios es el mismo de una generación a otra.

En resumidas cuentas, tenemos pocas opciones aparte de aceptar a Dios como es, incluso cuando parece implacable y cruel. No sirve de mucho protestar, como hacen algunos, y decir: "¡Mi Dios nunca aprobaría lo que hizo Josué!".

No nos corresponde rehacer a Dios a una imagen que quede mejor con nuestros gustos sensibles. Si Él aprobó la masacre que se describe aquí, amén. No es de sorprender que leamos en el Nuevo Testamento: "¡Horrenda cosa es caer en manos del Dios vivo! (He. 10:31).

Te he pedido que dejes que la batalla de Hai represente nuestra guerra con Satanás. Así como Josué no hizo componendas con su enemigo mortal, tampoco debemos hacerlo nosotros. Claro que no podemos exterminar a Satanás como hizo Josué con Hai, pero tenemos que darnos cuenta de que estamos en una lucha hasta el final, que estamos en un combate mortal, y que hay mucho en juego.

A la larga, Satanás será aplastado, lanzado en el lago de fuego y atormentado para siempre por sus obras. El desenlace de la guerra no está en duda. Sin embargo, entre el presente y el futuro, cada uno de nosotros tiene muchas batallas que librar.

Recuerda la fuente de la bendición

Cuando terminó la batalla de Hai, Josué llevó al pueblo a cuarenta y ocho kilómetros al norte, al valle que estaba entre el monte Ebal y el monte Gerizim, para celebrar la victoria. La mitad de las tribus se puso de pie en el monte Ebal (el monte de la maldición), y los demás se pusieron de pie en el monte Gerizim (el monte de la bendición). Mientras aquellas miles de personas estaban de pie, sucedió lo siguiente: "Después de esto, leyó todas las palabras de la ley, las bendiciones y las maldiciones, conforme a todo lo que está escrito en el libro de la ley. No hubo palabra alguna de todo cuanto mandó Moisés, que Josué no hiciese leer delante de toda la congregación de Israel, y de las mujeres, de los niños, y de los extranjeros que moraban entre ellos" (Jos. 8:34-35).

Los historiadores se desconciertan con la decisión de Josué de llevar a cientos de miles de personas a esos montes en medio de la tierra en una época de guerra. Aunque él ya había conquistado a Hai y a Bet-el, había otras ciudades cananeas, como Siquem y Hazor, que no habían sido derrotadas. Llevar al pueblo por territorio enemigo era, en verdad, un riesgo militar.

¿Por qué se atrevió Josué a llevar a cabo esa celebración en medio de una serie de batallas? Él estaba absolutamente convencido de que los triunfos que había experimentado harían que el pueblo olvidara que el éxito estaba ligado a la obediencia a Dios. Temía que ellos dieran la victoria por sentado y se relajaran en su compromiso con el libro de la ley. Esa, en el análisis final, es la única manera de detectar al enemigo y derrotarlo: obediencia constante a la Palabra de Dios.

Hay un toque de ironía en la victoria de Hai: Dios dijo a Josué que el pueblo podía conservar los despojos de la ciudad. A diferencia de Jericó, la riqueza de Hai les pertenecía. Si Acán hubiera tenido la paciencia de esperar el tiempo de Dios, después de todo, podría haber terminado con un manto hermoso y un puñado de dinero. Hasta lo que Dios quiere que tengamos debe suceder en su tiempo.

Los historiadores nos dicen que hubo una batalla naval en el siglo XVI entre las fuerzas de Venecia y las de Génova. Los genoveses sufrieron una derrota aplastante. Pero después que se hubo reparado el daño a sus naves, el comandante pidió a sus fuerzas que regresaran a combatir las flotas de Venecia una vez más. Sus compatriotas objetaron y se preguntaban cómo podía pedírseles que regresaran a combatir a un enemigo que los había derrotado tan aplastantemente. El comandante contestó: "Yo me hice famoso por nuestra derrota, hagámonos inmortales por nuestra victoria".

Dios desea que regresemos al lugar de nuestra derrota. Quiere que obtengamos grandes victorias en las mismas áreas de nuestra vida que han sido asoladas por Satanás.

No permitamos que nuestra primera experiencia amarga en Hai nos impida hacer un viaje de regreso. La victoria será mucho más dulce la segunda vez.

Capítulo 10

Cómo vivir con una mala decisión

Josué 9

Todos hemos tomado decisiones que hemos lamentado. Una noche, yo tomé una decisión rápida y compré una chaqueta deportiva. Ya antes de llegar a casa, sabía que no me gustaba. Unos cuantos meses después, mi esposa y yo empacamos varias cajas de ropa para regalar, y yo incluí esa chaqueta. Fue una tontería comprarla, pero eso no tuvo consecuencias duraderas. ¡Ojala fuera así de fácil deshacerse de todas las malas decisiones!

Si compras una casa sobrevalorada y luego te das cuenta de que no puedes efectuar los pagos, eso es más grave. Tengo un amigo que tomó prestada una cantidad significativa de dinero para comprar unas acciones cuyo aumento de valor estaba garantizado; en lugar de subir, bajaron, y él tuvo que vender su casa para pagar el préstamo.

Pero ni siquiera esas malas decisiones son tan graves como casarse "con la persona equivocada". Una mujer se puede casar con un hombre que no sea cristiano y darse cuenta de que sus valores están en conflicto; tal vez haya problemas de ajuste. O quizá los dos sean cristianos, pero no hacen una buena pareja. Seis meses después de la boda, ninguno de los dos siquiera entiende por qué se casaron.

Las malas decisiones abundan. Algunas son graves, otras no lo son, pero todos las hemos tomado. ¿Qué hacemos con ellas?

Hasta Josué tomó una mala decisión. Tuvo una racha de victorias a su favor poco después de entrar en Canaán. Varias tribus se unieron para combatirlo, pero cayeron ante su pericia militar. Gracias a la fidelidad de Dios, las cosas le iban bien.

Una ciudad pagana decidió ingeniar una creativa estrategia para salvar sus vidas. Optaron por hacer que Josué creyera que habían venido de un país lejano para luego hacer un tratado de paz con él. Evidentemente, aquellas astutas personas sabían que Dios prohibía a los israelitas hacer tratados con los cananeos (ver Éx. 23:31-33). Por eso, si lograban engañar a Josué para que creyera que habían venido de otro país, tal vez mordiera el anzuelo. Una vez hecho el tratado, sus vidas estarían a salvo.

Satanás nos hace lo mismo hoy. A veces es como un león que ruge y otras veces es tan sutil como una serpiente. Como último recurso, nos ofrece un tratado de paz con la esperanza de que nos enredemos en una cadena que nosotros mismos hicimos. Quiere que tomemos una decisión de la que no podamos librarnos.

Veamos la estrategia tal como se desenvuelve.

La trampa está puesta

Los habitantes de Gabaón pusieron sacos raídos y odres viejos sobre sus asnos y se calzaron sandalias remendadas. Pusieron pan mohoso en las carteras y vistieron ropa vieja. Todo eso aparentaba que habían viajado una gran distancia, cuando en realidad habían venido de Gabaón, a trece kilómetros.

Cuando llegaron donde estaba Josué, tenían su discurso preparado: "…Nosotros venimos de tierra muy lejana; haced, pues, ahora alianza con nosotros" (Jos. 9:6). Engañaron a Josué mintiendo sobre sus orígenes. Esos engañadores nos recuerdan a Satanás, quien nos hace lo mismo y finge que viene de Dios. Algunas personas en realidad dicen que escuchan voces interiores que los guían. La fuente de esas revelaciones debe comprobarse con cuidado. El hecho de que esas voces puedan decir cosas buenas e incluso citar las Escrituras no demuestra que se originen en Dios. Recuerda que Satanás citó las Escrituras a Cristo, intentando engañar hasta al Hijo de Dios.

Muchos han sido guiados con crueldad por maestros, consejeros y hasta pastores que dicen hablar por Dios, pero dan consejos no sabios. La fuente de nuestra información es muy importante, ya que los engaños abundan.

Los gabaonitas también mintieron acerca de sus intenciones. Dijeron a Josué que querían hacer un pacto porque habían oído las maravillas de Dios. Dieron la impresión de que anhelaban honrar al Señor.

Todos hemos escuchado el viejo adagio que dice: "Si no puedes contra tu enemigo, únete a él". Cuando el enemigo tiene la ventaja, no se satisface con menos que control absoluto y la posible destrucción del pueblo de Dios. Pero cuando se encuentra acorralado y tiene que reconocer la autoridad de los siervos del Señor, presiona para encontrar un compromiso. Procura un tratado de paz.

Tal vez el mejor ejemplo sea cuando transigimos con el pecado creyendo que podemos controlar el alcance de nuestra participación y contener las consecuencias. A la larga, nos enredamos con el pecado con el cual hemos hecho un pacto.

Siempre que la nación de Israel hizo alianza con naciones paganas, Dios juzgó a su pueblo permitiéndole quedar atrapados por la nación con la cual hicieron la alianza.

El pecado con el que jugueteamos se convierte en la trampa que nos hiere.

La carnada ha sido elegida

Observa que los gabaonitas apelaron al orgullo de Josué. Llegaron fingiendo que querían ser sus siervos. Le rindieron honores, cosa que lo hizo vulnerable: "...Tus siervos han venido de tierra muy lejana, por causa del nombre de Jehová tu Dios; porque hemos oído su fama, y todo lo que hizo en Egipto... Por lo cual nuestros ancianos y todos los moradores de nuestra tierra nos dijeron: Tomad en vuestras manos provisión para el camino, e id al encuentro de ellos, y decidles: Nosotros somos vuestros siervos; haced ahora alianza con nosotros" (Jos. 9:9, 11).

Reconocieron humildemente que Josué era el siervo del Dios Altísimo y, por consiguiente, que querían adorar al Dios verdadero. Trataron de que Josué viera las ventajas de ratificar un pacto con ellos. De hecho dijeron: "Les vamos a hacer la vida más fácil porque seremos sus siervos". Usaron la estrategia de Satanás, el cual dijo a Eva que si ella aceptaba su sugerencia, sería "como Dios, sabiendo el bien y el mal".

Satanás siempre nos hace creer que sus sugerencias son para nuestro bien. "Te mereces hacerte rico", le susurra a un hombre de negocios que está a punto de hacer trampa para cerrar un trato. O: "Te mereces este poquito de placer", le dice al soltero que se siente solo y está pensando en una relación sexual ilícita.

Como acto final de humildad, los extraños invitaron

a Josué a inspeccionar su pan y su ropa raída. Él podría comprobar que sus palabras eran fidedignas.

La trampa es descubierta

Josué tomó el pan mohoso en sus propias manos; vio los odres viejos y los zapatos desgastados. Y leemos tristemente: "Y los hombres de Israel tomaron de las provisiones de ellos, y no consultaron a Jehová. Y Josué hizo paz con ellos, y celebró con ellos alianza concediéndoles la vida; y también lo juraron los príncipes de la congregación" (Jos. 9:14-15).

¿Por qué cayó Josué en la trampa del enemigo? Por un lado, actuó basándose en una prueba superficial. La observación humana no siempre puede diagnosticar debidamente una situación. Lo que parecía ser obvio era en realidad complejo. Había algo oculto que el ojo humano no veía.

Pocas veces, una situación es lo que parece ser. Solo Dios, quien ve más allá de los disfraces, puede guiarnos en las decisiones de la vida.

Una pareja cristiana investigó un vecindario en particular, a la espera de comprar una casa. Por fin vieron una que parecía satisfacer sus necesidades exactamente: el tamaño apropiado, el vecindario adecuado y las comodidades perfectas. Sin embargo, su solicitud de préstamo se retrasó, y no pudieron cumplir con la oferta que habían hecho. Antes de que pudieran remediar la situación, el propietario vendió la casa a otra persona.

¡Qué decepción! Pero seis meses después, se enteraron de que una de las paredes del sótano de la casa se había derrumbado. Imagínate lo dichosos que fueron al haberse librado del problema de arreglar una estructura defectuosa.

Cuando interpretamos situaciones conforme a la

observación humana, la posibilidad de errar es grande. Raras veces, algo es lo que parece ser. Por eso debemos buscar a Dios hasta en los detalles de la vida.

En segundo lugar, Josué no se ocupó de orar. "No consultó a Jehová". ¿Por qué no oró? Seguro que no fue porque era carnal o rebelde. Josué andaba con Dios y obedecía lo mejor que podía.

Josué no preguntó a Dios porque su decisión parecía muy correcta, muy obvia. Además, el asunto parecía bastante trivial: ¿debemos molestar al Señor por todo? Las batallas iban bien, parecía no haber razón para tener que apoyarse en Dios para una decisión aparentemente rutinaria.

¡Cuántas veces cometemos errores porque hacemos lo que nos parece que es sabio u obvio! O tal vez no busquemos la guía de Dios porque tenemos miedo de que Él pueda decir "No" a algo que deseamos hacer desesperadamente. Así, un hombre de negocios hace su inversión sin orar; una joven opta por casarse con su amante sin dar a Dios la oportunidad de terminar la relación. En esas y miles de circunstancias más, las personas han tomado sus propias decisiones y luego tienen que vivir con arrepentimiento y fracaso.

Tres días después, Josué se enteró de que los gabaonitas vivían tan solo a unos cuantos kilómetros de distancia. "Pasados tres días después que hicieron alianza con ellos, oyeron que eran sus vecinos, y que habitaban en medio de ellos" (v. 16).

Se arrepintió amargamente de la alianza de paz que había hecho, pero ya no tenía remedio. En aquellos días, no se contrataba a un equipo de abogados para desbaratar un acuerdo. Más bien la persona respetada era la que "…

aun jurando en daño suyo, no por eso cambia" (Sal. 15:4). Josué y los líderes habían prometido que los gabaonitas vivirían. No podían retractarse.

¿Cuántas personas conoces que hacen una promesa que lamentan, pero la cumplen de todas formas? ¡Piensa en la cantidad de veces que hemos quebrantado nuestras promesas porque era incómodo cumplirlas! Bienaventurado el que jura aun en daño suyo y no por eso cambia las condiciones del acuerdo.

¿Es correcto alguna vez quebrantar un voto? Sí, si se le hace a Satanás, se debe quebrantar de inmediato. La razón es que él no tiene derecho a nada; por tanto, los acuerdos con él son ilegítimos. Supón que te me acercas y anuncias que has vendido a mis hijos en esclavitud. Ese acuerdo no tendría validez porque no eres dueño de mis hijos. Solamente puedes vender lo que te pertenece. Dios, no Satanás, es dueño de las personas que hay en el mundo.

Un segundo ejemplo en que se puede quebrantar un voto es en el controvertido asunto del divorcio. Aunque nunca fue la intención de Dios que una pareja casada se separe, Moisés sí permitió el divorcio "por la dureza del corazón de las personas". Cuando a Cristo lo presionaron sobre si era correcto o no divorciarse por cualquier causa, Él dijo: "Y yo os digo que cualquiera que repudia a su mujer, salvo por causa de fornicación, y se casa con otra, adultera; y el que se casa con la repudiada, adultera" (Mt. 19:9). Él especificó que el pacto del matrimonio se podía quebrantar por causa de la fornicación.

Pero Dios no se agrada de los que incumplen sus promesas, sobre todo si esas promesas se hacen como votos solemnes. "Cuando a Dios haces promesa, no tardes en cumplirla; porque él no se complace en los insensatos.

Cumple lo que prometes. Mejor es que no prometas, y no que prometas y no cumplas" (Ec. 5:4-5).

Dicho sea en su honor, Josué no se retractó de su palabra, sino que cumplió el tratado que había hecho. Los gabaonitas se quedaron con él.

Cómo vivir con las consecuencias

¿Cuáles fueron las consecuencias de su decisión? Los gabaonitas fueron malditos por Josué, pero Dios en su misericordia eligió mezclar algunas bendiciones con la maldición. El Todopoderoso nunca se encuentra en una situación en la que no sabe qué hacer cuando se enfrenta con los errores humanos. Él *siempre* puede tomar una situación difícil y convertirla en bendición. Toda tristeza tiene su perspectiva consoladora, y toda espina tiene su rosa.

Sin duda alguna, Josué lamentó muchas veces haber sido engañado para hacer aquella alianza. Los gabaonitas fueron un aguijón en su carne constantemente. A pesar de que Dios los usó para bendición, aquella decisión súbita tuvo sus consecuencias.

¿De qué forma la gracia de Dios obró a través de una mala decisión para sacar algo bueno de ello?

1. Los gabaonitas ayudaron en la adoración de Dios

"Ahora, pues, malditos sois, y no dejará de haber de entre vosotros siervos, y quien corte la leña y saque el agua para la casa de mi Dios" (Jos. 9:23). Los gabaonitas fueron condenados a ser siervos, pero iban a servir en el templo de Dios. Allí verían cómo se llevaba a cabo la adoración; allí ayudarían a los israelitas a reconocer al Dios vivo y verdadero. Hasta el tipo de servicio más humilde hecho para contribuir con la adoración a Dios es bendecido con dignidad.

2. Los gabaonitas proveyeron un contexto para el poder de Dios

Todos conocemos la historia de cómo el sol se quedó quieto en respuesta a la oración de Josué (lo cual veremos en el próximo capítulo). Lo que a veces olvidamos es que la batalla tuvo lugar porque Josué estaba comprometido a defender a los gabaonitas. La coalición de reyes que Josué combatió estaba decidida a atacar a Gabaón por su pacto con Israel (ver Jos. 10:3-5).

Los israelitas nunca hubieran visto el poder de Dios en esa batalla si no hubiera sido por su alianza prohibida.

3. Los gabaonitas exhiben la gracia de Dios

A medida que los años pasaron, los gabaonitas recibieron responsabilidades mayores. Existe cierta evidencia de que durante la época de Esdras, en realidad ayudaron a los levitas con sus responsabilidades sacerdotales, porque cuando Esdras enumera los que regresaron con él de Babilonia incluye a doscientos veinte de los siervos del templo, a quienes David y los príncipes habían dado para el servicio de los levitas (ver Esd. 8:20). Bajo el liderazgo de Nehemías, los gabaonitas son mencionados como los que ayudan a construir el muro de Jerusalén cerca de lo que se conocía como la Puerta Antigua: "Junto a ellos restauró Melatías gabaonita, y Jadón meronotita, varones de Gabaón y de Mizpa, que estaban bajo el dominio del gobernador del otro lado del río" (Neh. 3:7).

Nunca debemos subestimar la capacidad de Dios para tomar una maldición y convertirla en bendición. Él puede transformar una aflicción en gloria y poner alegría en el yugo.

Tal vez sea más fácil vivir con las malas decisiones que hemos tomado que aceptar las decisiones destructivas de otros que nos han hecho daño. Cuando alguien ha arruinado nuestra vida, es difícil ver el lado bueno de lo malo. Sin embargo, aun aquí se puede ver la mano de Dios.

La cantante Ethel Waters fue conocida por sus grabaciones y sobre todo por cantar solos en las cruzadas de Billy Graham. Ethel nació como resultado de una violación a una niña de quince años. Se crió en la pobreza y sin amor. "Todos los niños deben tener a una persona en cuyo regazo puedan descansar —decía Ethel—. Pero yo no tenía a nadie que me pusiera sobre su regazo". Y aun así, a pesar de su dolor, Ethel dijo que pasaba tanto tiempo alabando al Señor que no tenía tiempo para la autocompasión. El himno que solía cantar es:

> ¿Cómo podré estar triste?
> ¿Cómo entre sombras ir?
> ¿Cómo sentirme solo
> Y en el dolor vivir?
> Si Cristo es mi consuelo,
> Mi amigo siempre fiel,
> Si aun las aves tienen
> Seguro asilo en Él,
> Si aun las aves tienen
> Seguro asilo en Él.
>
> ¡Feliz, cantando alegre,
> Yo vivo siempre aquí;
> Si Él cuida de las aves,
> Cuidará también de mí!

¿Tiene Dios un plan para alguien que, hablando en sentido estricto, no debió haber nacido? Por supuesto que sí. Tanto si la mala decisión es nuestra o de otra persona,

Dios es muy capaz de encontrar un lugar para nosotros dentro de la amplia circunferencia de su amor y de su gracia.

Josué aprendió, y todos nosotros también debemos aprender, que Dios es mayor que nuestros errores. Bienaventurados los que ven las estrellas en la noche más oscura.

Capítulo 11

El poder de la oración

Josué 10

¡Imagínate la emoción de estar en una guerra en la que Dios pelea por ti!

Todos hemos sido pisoteados por enemigos, golpeados por nuestras circunstancias y agotados por nuestras obligaciones. Qué maravilloso sería si Dios viniera a nuestro rescate, se ocupara de nuestra causa y nos llevara a la victoria.

Josué vio una respuesta dramática a su oración; el Señor hizo un milagro para ayudarlo a ganar una guerra. Leemos: "…Jehová peleaba por Israel" (Jos. 10:14). Dios no solo esperaba su turno en caso de que Josué necesitara ayuda, sino que directamente intervenía para ayudar a los israelitas a ganar la batalla.

Dios también lucha por nosotros. Si no estuviera constantemente poniéndose de nuestro lado en los conflictos de la vida, hubiéramos sido destruidos por Satanás hace mucho tiempo. El pecado hubiera erosionado todo vestigio de nuestro carácter, y hoy seríamos esclavos de pasiones que a la larga nos destruirían. Dios siempre pelea por su pueblo.

Estoy convencido de que cuando lleguemos al cielo, Dios nos mostrará todo el efecto que tuvieron nuestras oraciones. Nos enteraremos de que nos protegió y peleó por nosotros cientos de veces, incluso cuando no lo sabíamos.

La historia de Josué ilustra todo lo que Dios está dispuesto a hacer para vivir a la altura de sus promesas. Cuando dice que está de nuestro lado, lo dice en serio. Él usa sus vastos recursos para hacer valer su Palabra.

Los gabaonitas, como recordarás, habían tendido una trampa a Israel para hacer un pacto con ellos. Eso significaba, entre otras cosas, que ahora estaban bajo la protección de Josué y de su ejército.

Esta nueva coalición era una amenaza para los demás reyes de la zona. Así, el rey pagano Adonisedec, que era el rey de Jerusalén, reclutó a otros cuatro reyes para hacerle la guerra a la ciudad de Gabaón: "Subid a mí y ayudadme, y combatamos a Gabaón; porque ha hecho paz con Josué y con los hijos de Israel" (v. 4).

Josué estaba en un apuro; tenía muy pocas opciones aparte de defender a los gabaonitas. Ellos le rogaron: "...No niegues ayuda a tus siervos; sube prontamente a nosotros para defendernos y ayudarnos; porque todos los reyes de los amorreos que habitan en las montañas se han unido contra nosotros" (v. 6). Apelaron a Josué en busca de ayuda, y él respondió movilizando sus fuerzas para la batalla. El Señor aseguró a Josué que él debía enfrentar a esos enemigos y destruirlos: "Y Jehová dijo a Josué: No tengas temor de ellos; porque yo los he entregado en tu mano, y ninguno de ellos prevalecerá delante de ti" (v. 8).

Anteriormente, Josué había conquistado la tierra ciudad por ciudad, pero ahora tenía que enfrentar a cinco enemigos al mismo tiempo. Gracias a su impresionante historial, ellos optaron por atacarlo en grupo. Sus victorias anteriores fueron un preludio de este conflicto mayor. Una vez más, se vio obligado a confiar en Dios.

Detente un momento y deja que estos reyes representen a tus enemigos. En capítulos anteriores, te he pedido que identifiques aquellas barreras que te impiden crecer espiritualmente y tener un optimismo realista. ¿Qué pecado o debilidad te tiene asido por la garganta y está a punto de ahogar tu vida espiritual? Para este momento, espero que hayas nombrado a los reyes que están conspirando contra ti.

En el momento en que ataquemos a uno de esos "reyes", podemos esperar que otros vengan a defenderlo. Recuerda que los pecados, los hábitos y las actitudes que nos atrapan reciben poder de dos fuerzas que obran conjuntamente una con la otra. La primera es la carne, esa naturaleza pecaminosa nuestra que nos da la propensión a pecar. Esos pecados tienden a trabajar en grupos y se fortalecen mutuamente. La segunda fuerza es Satanás y sus espíritus demoníacos, los cuales exageran nuestros pecados para que nos abrumen.

Siempre que progresamos en un área de nuestra vida, somos atacados en otra. Si damos un paso a la derecha, podemos esperar un ataque desde la izquierda. Si damos un paso al frente, nos golpearán inesperadamente por detrás. Esos "reyes" están bien organizados y usan todo engaño imaginable para ganar.

Y aun así, Dios fue al auxilio de Josué y obtuvo una gran victoria sobre una coalición pagana. ¿Por qué fue tan eficaz la oración de Josué?

Oró con una promesa

Fíjate en las fabulosas palabras que Josué pronunció a la vista de todo Israel: "…Sol, detente en Gabaón; y tú, luna, en el valle de Ajalón" (Jos. 10:12). Nadie lo puede acusar de hacer una petición insignificante.

Aunque puede que pensemos que su oración fue presuntuosa, fue contestada por Dios. Leemos: "Y el sol se detuvo y la luna se paró, hasta que la gente se hubo vengado de sus enemigos..." (v. 13). De inmediato recibió el milagro que había pedido.

¿Qué dio a Josué el derecho de hacer una petición tan grande y recibir tan pronta respuesta?

En primer lugar, Dios acababa de rehacer la promesa que le había hecho a Josué al principio de su liderazgo: "Y Jehová dijo a Josué: No tengas temor de ellos; porque yo los he entregado en tu mano, y ninguno de ellos prevalecerá delante de ti" (v. 8). Si nos cansamos de la repetición, recordemos que tenemos que escuchar las palabras de Dios una y otra vez si es que deseamos ejercer poder sobre el enemigo. Muchas veces creemos que las promesas del Señor son recuerdos distantes y no realidades presentes. La única forma de remediar esa deficiencia es refrescando nuestra alma en lo que Dios ha dicho.

Josué se aprovechó plenamente de la promesa específica de Dios mezclándola con fe. El libro de Hebreos habla de los que oyeron la Palabra de Dios, pero no se beneficiaron de ella "...por no ir acompañada de fe..." (He. 4:2).

Cuando Crowfoot, el gran jefe indio de una tribu del sur de Alberta, Canadá, dio permiso a la *Canadian Pacific Railroad* (CPR) para cruzar por territorio indio, recibió un pase para usar los ferrocarriles de por vida. Lo recibió con agradecimiento, lo puso en un estuche de cuero y lo llevó colgado del cuello el resto de su vida. Sin embargo, no hay prueba ninguna de que alguna vez haya usado ese privilegio.

Podemos estar rodeados de las promesas de Dios y aun así no tener poder. Pueden permanecer encerradas en cuero y no usarse para obtener su poder. Las promesas en sí mismas son como un cheque: vale poco a menos que esté firmado.

Josué estaba tan lleno de fe que en realidad habló al sol y a la luna y tomó autoridad total sobre ellos. Es interesante notar que Jesús dijo que si uno tiene fe del tamaño de un grano de mostaza, "…dir[á] a este monte: Pásate de aquí allá, y se pasará; y nada [le] será imposible" (Mt. 17:20).

Pero hasta algunos cristianos que hablan con tanta confianza acerca de tener autoridad sobre el enemigo podrían no ver respuestas dramáticas a la oración. La autoridad nunca es automática; viene a través de la humildad, la sumisión, el conocimiento de la Palabra y la disciplina.

Josué podía hacer una petición tan grande porque sabía que el valor de una promesa depende del poder y el carácter del que la hace. Si una persona le promete un millón de dólares, es importante averiguar si tiene el dinero para cumplir su palabra.

La leyenda que vemos en los bancos estadounidenses que dice *Member FDIC* significa que la cuenta está respaldada por los recursos del gobierno federal de los Estados Unidos. Pero si el gobierno no tiene dinero (¡como parece muchas veces!), la garantía no vale para nada. Una pregunta que debemos contestar cuando creemos en una promesa es: ¿Tiene la persona los recursos para respaldar sus palabras con hechos?

Hay una segunda pregunta que hacer acerca del que promete: ¿Se puede confiar en él? Una persona con una reputación dudosa puede que tenga un millón de dólares, pero puesto que es deshonesta, su promesa no vale nada.

Dios tiene tanto el poder como la integridad para cumplir con las promesas que hace. Si dice que Josué ganará una batalla, cambiará el curso de la naturaleza para asegurarse de que así sea. Nada puede impedir que Dios cumpla su palabra.

Dios tiene el *poder* de cumplir sus promesas: "Porque nada hay imposible para Dios" (Lc. 1:37). Y tiene la *integridad* para hacerlo también: "…tu palabra es verdad" (Jn. 17:17). El Señor tiene los dos atributos esenciales para que las promesas se hagan realidad.

Josué sabía que Dios merecía ser creído.

Oró con poder

Josué estaba al tanto de lo que se iba a necesitar para ganar esta batalla. Vio que las fuerzas de la naturaleza tenían que cooperar con él si había de tener la ventaja. Le habló directamente al sol y a la luna, y les pidió que pelearan por él.

Existen varias interpretaciones de lo que sucedió aquel memorable día.

Una opinión popular es que Josué necesitaba más tiempo y que Dios en realidad le alargó la disponibilidad de luz. El sol y la luna se movieron con mayor lentitud para dar horas adicionales de manera que él pudiera ganar la batalla.

Claro, eso de inmediato nos lleva a tener un conflicto con la ciencia. Porque el sol está quieto, y la Tierra es la que rota. Hablando en sentido estricto, la Tierra tendría que haber reducido su velocidad de rotación para proporcionar el tiempo adicional.

(A propósito, debo señalar que los almanaques modernos, igual que la Biblia, están escritos en lenguaje de apariencias. Los meteorólogos hablan de que el sol "sale" y "se pone". Nunca he oído a nadie decir: "La tierra está rotando hacia el sol a un ángulo y velocidad que nos permitirá ver el sol mañana a las 7:45").

¿Es factible pensar que la Tierra podría haber reducido la velocidad de su rotación? Puesto que la Tierra viaja a unos mil seiscientos kilómetros en el ecuador, cualquier cambio en la velocidad hubiera creado una catástrofe masiva, lo que casi hubiera necesitado otra intervención divina.

Una segunda posibilidad es que Dios hiciera un milagro local que no implicara la rotación de toda la Tierra. De alguna manera inexplicable, le dio a Josué más luz solar. Es evidente que Dios hizo ese milagro durante los días del rey Ezequías, cuando la sombra en realidad retrocedió en el reloj de sol (ver Is. 38:8).

No obstante, la frase "el sol se detuvo" también se puede interpretar como que el sol sencillamente dejo de brillar.

Esta tercera interpretación está más acorde con la estrategia de la batalla que se estaba llevando a cabo en el valle. Josué se fue de Gilgal y marchó toda la noche, una distancia de aproximadamente treinta y dos kilómetros. Es improbable que necesitara más horas para luchar, puesto que tenía todo el día por delante. Lo que necesitaba era oscuridad para taparse y aliviarse del sol ardiente.

Según esta interpretación, Dios contestó de manera dramática su oración no solo enviando nubes para borrar los rayos de sol, sino que con esas nubes vino una gran tormenta de granizo que mató más soldados del enemigo que el ejército de Josué.

Leemos: "Y mientras iban huyendo de los israelitas, a la bajada de Bet-horón, Jehová arrojó desde el cielo grandes piedras sobre ellos hasta Azeca, y murieron; y fueron más los que murieron por las piedras del granizo, que los que los hijos de Israel mataron a espada" (Jos. 10:11).

Las nubes que los cubrieron y el granizo levantaron la moral del ejército de Josué; Israel obtuvo sombra, y los paganos, granizo. Cuando Dios intervino milagrosamente, confundió mucho al enemigo. La estrategia de la coalición se desentrañó, y comenzaron a entrar en desorden y temor.

No interpretes esto como que Josué no hizo nada. Él y su ejército tenían que continuar peleando. Cuando Dios pelea por nosotros, nos da la autoridad de vencer al enemigo, pero no lo hace independientemente de nuestros propios esfuerzos.

Dios obtiene victorias para nosotros, pero no sin nosotros. Todavía tenemos que enfrentar a nuestros enemigos, aunque no lo hacemos solos.

No es de extrañar que Josué pudiera ejercer tan grandiosa autoridad. Dios podía enviar una tormenta de granizo o podía cambiar la rotación de la Tierra si hubiera sido necesario (como afirman algunas interpretaciones). Dios nunca permitirá que su reputación se manche. Él hace lo que ha prometido.

Compara eso con Satanás, quien también hace muchas promesas. Todas sus promesas se basan en una mentira. Su palabra carece de integridad y de poder. Los que mejor le sirven son los que peor terminan. Si no, pregúntale a Judas.

Josué vio esta batalla en equilibrio. Sabía que la coalición de reyes era mucho más fuerte que él. Por otro lado, no se sentía intimidado por ellos, puesto que Dios estaba de su lado. Él sabía que Dios haría grandes esfuerzos para cumplir sus promesas.

Oró con participación

Una vez más, vemos la cooperación del esfuerzo humano y el poder de Dios. Uno podría pensar que mientras el

Señor peleaba, Josué no tenía nada que hacer, solo "dejárselo todo a Dios". Pero las promesas del Todopoderoso no nos libran de una batalla; simplemente nos dan la capacidad de ganarla. A pesar de que Él pelea por nosotros, no pelea sin nosotros. Es un general que nos lleva a la batalla; no tenemos el lujo de quedarnos en casa esperando informes de segunda mano sobre cómo va progresando la guerra.

Después que Josué exterminó a sus ejércitos, los cinco reyes huyeron para esconderse en la cueva de Maceda. Josué podría haber dicho que la batalla había terminado y que todo el mundo se podía ir a casa. Pero no estaba satisfecho. Incluso después que una batalla ha terminado, hay operaciones de limpieza que hacer.

El primer paso era hacer rodar grandes piedras contra la entrada de la cueva, protegiendo así la entrada para que los reyes no escaparan. Mientras unos cuantos hombres hacían esto, otros del ejército israelita siguieron matando a los miembros que huían de los ejércitos paganos.

"Entonces dijo Josué: Abrid la entrada de la cueva, y sacad de ella a esos cinco reyes" (Jos. 10:22). A esos reyes les rompieron el cuello y los colgaron en cinco maderos separados. Todo el mundo reconocería que la victoria estaba completa.

Josué sabía que uno no puede ignorar las instrucciones de Dios ni hacer componendas con ellas. Si Dios dijo que los habitantes de la tierra tenían que ser exterminados, Josué estaba listo para obedecer.

Nuestras batallas con la carne y el diablo nunca se terminan en esta vida. No tenemos el privilegio de exterminar a nuestro enemigo como lo hizo Josué. Justo cuando pensamos que hemos vencido a nuestro enemigo, otro toma su lugar. Puedes ganar todas las batallas que desees y todavía no te puedes dar el lujo de quitarte la armadura. Mañana es un nuevo día con una nueva sorpresa y un enemigo inesperado. Y la victoria de ayer no sirve de nada.

Pero ¡qué día tuvo Josué! Leemos: "Y no hubo día como aquel, ni antes ni después de él, habiendo atendido Jehová a la voz de un hombre; porque Jehová peleaba por Israel" (v. 14). Josué demuestra que cuando conocemos las promesas de Dios y estamos convencidos de su poder, podemos ejercer la autoridad del Todopoderoso. *Tenemos todas las promesas que necesitemos para hacer la voluntad de Dios.*

Donald Grey Barnhouse cuenta la historia de la esposa de un pastor francés que había hecho a mano una "caja de promesas" y había escrito unas doscientas promesas en francés. Con el correr de los años, su familia usó esa caja y aprendió a confiar en el Señor.

Sin embargo, durante la guerra, pasaron por tiempos malos. No había alimentos disponibles, excepto pilas de cáscaras de papas procedentes de un restaurante. Sus hijos estaban escuálidos; le pedían comida a gritos. En uno de sus momentos más trágicos, recurrió desesperada a la caja de promesas. Y oró: "Señor, tengo una grandísima necesidad. ¿Hay alguna promesa que en realidad sea para mí? Muéstrame, Señor, qué promesa puedo tener en época de desnudez, peligro y espada".

Sus lágrimas la cegaron, y cuando quiso alcanzar la caja, se le volcó. Las promesas cayeron a su alrededor, sobre su regazo y en el suelo. Se dio cuenta, en un momento de gozo supremo, de que todas las promesas en realidad eran para ella en la misma hora de su mayor necesidad. Aprendió que nada nos puede separar del amor de Cristo: las promesas estaban allí para bendecir y dar aliento.

Dios está disponible para nosotros hoy.

Capítulo 12

Cómo vencer los obstáculos

Josué 14

"Se puede conocer el carácter de un hombre por lo que se necesita para detenerlo".

Claro que esa declaración requiere algunas modificaciones, puesto que tenemos que asegurarnos de que las metas de una persona sean dignas antes de hablar de la firmeza de su carácter que le ayuda a seguir adelante, pase lo que pase. Pero algunos buenos hombres pudieron haber sido grandes hombres si no se hubieran detenido tan pronto.

A pesar de que muchas veces vemos cobardía en la vida de los demás, no es tan fácil de detectar en la nuestra. Leí que un día, el primer ministro soviético Khrushchev estaba hablando ante el Supremo Soviético y criticaba con dureza al fallecido José Stalin. Durante el discurso, alguien le envío una nota que decía: "¿Qué estaba haciendo usted mientras Stalin cometía todas esas atrocidades?".

"¿Quién envió esta nota?", gritó Khrushchev.

Nadie se movió.

"Le voy a dar un minuto para que se ponga de pie".

Aun así, nadie se movió, y los segundos seguían pasando.

"De acuerdo, le diré lo que estaba haciendo —comenzó a decir Khrushchev—. Estaba haciendo lo que hacía el

autor de esta nota: *¡nada!* ¡Tenía miedo de que me incluyeran en las atrocidades!".

Caleb era un hombre dispuesto a que lo incluyeran.
Nadie lo podía detener. Tenía una docena de razones por
las que pudo haber optado por una jubilación temprana.
Pero a la edad de ochenta y cinco años, seguía tomando
territorio para Dios.

Caleb había sido uno de los doce espías enviados antici-
padamente para explorar la tierra de Canaán cuando Israel
llegó allí por primera vez cuarenta años antes. Recordarás
que diez de los hombres se atemorizaron con los gigantes,
las ciudades fortificadas y la pericia militar de los cananeos.
Solamente Caleb y Josué animaron al pueblo a marchar
adelante en el nombre del Señor.

Me han dicho que la palabra china que significa *crisis* está compuesta de dos caracteres. Cada uno de esos
caracteres es una palabra. La primera significa *peligro*, y
la segunda, *oportunidad*. De ahí que una crisis es, literalmente, una "oportunidad de peligro".

Cuando Moisés envió a los espías a la tierra, diez de
ellos vieron solamente el peligro, y dos vieron la oportunidad. Ellos sabían que, a veces, la mayor de las oportunidades está llena de grandes peligros.

¿Te acuerdas del nombre de uno de los otros diez
espías? Si te acuerdas, te aplaudo. Pocas veces recordamos los nombres de los que se pierden entre la mayoría.
Casi todos nuestros héroes son personas que se opusieron
a ideas populares de su época y optaron por seguir adelante independientemente de lo que pensaran los demás.
Por eso recordamos a Caleb y a Josué.

Dios le había prometido a Caleb que conquistaría un

pedazo de tierra para él y su familia una vez que Josué hubiera cruzado el Jordán (ver Nm. 14:24). Y Caleb decidió que quería la colina de Hebrón como herencia.

Así como Caleb eligió su "monte", así yo te animo a que elijas un monte que quieras que Dios te dé. Que ese monte sea un reto espiritual que tenga respaldo bíblico.

No hay ninguna promesa en la Biblia de que Dios te permitirá convertirte en millonario antes de los cincuenta años de edad, ni de que te casarás algún día, ni de que tendrás salud el resto de tu vida. Tal como se mencionó en el capítulo dos, una razón por la que hay tantas personas enojadas con Dios es porque confiaron en Él para recibir bendiciones que no están prometidas de manera específica. Por supuesto que Dios nos concede esas peticiones, pero no podemos presuponer que lo hará; solamente podemos reclamarle las promesas que pertenecen a todos los creyentes.

Elige un monte que forme parte de tu herencia como cristiano, como la victoria sobre las adicciones, el perdón que quita la culpa, o la capacidad de soportar las presiones de la casa o el trabajo. Esos son los montes que sabemos que Dios quiere que conquistemos.

Consideremos algunos de los obstáculos que Caleb venció para tomar el monte para Dios.

Sus amigos

Aunque nos sorprenda, los amigos muchas veces interfieren con nuestro progreso espiritual. Nos dan malos consejos, nos desaniman con sus palabras y nos exhortan a vivir de manera indisciplinada. O tal vez alimenten nuestra propensión natural a la incredulidad.

Piensa de nuevo en la experiencia de Caleb. No solo lo silenciaron sus diez compañeros espías, sino que fue ridiculizado por la multitud. Josué y él fueron los únicos que hablaron de la fidelidad de Dios.

¿Qué recibieron por su valor y fe? "Entonces toda la multitud habló de apedrearlos…" (Nm. 14:10). El pueblo los hubiera matado si no hubiera sido por la intervención de Moisés.

Si tienes la seria intención de dar pasos gigantes para Dios, tienes que darte cuenta de que tus amigos tal vez no lo entiendan. Podrían tratar de interferir en tu desarrollo espiritual de muchas maneras sutiles.

Hace poco oí de una mujer que optó por divorciarse de su esposo basándose en el consejo de sus renombrados amigos cristianos. Su única razón era que estaba cansada del matrimonio, no se sentía apreciada y pensó que necesitaba la libertad para "encontrarse a sí misma". Los amigos que deberían estar animándonos a acudir a Dios en nuestra necesidad, a veces nos ponen en su contra.

Si has optado por seguir a Dios de todo corazón, espera que los demás te respalden poco. Algunos estarán de tu parte, pero tal como aprendió Caleb, la proporción es, aproximadamente, dos de cada diez.

Tengo un amigo que dice que ha aprendido a esperar poco de los demás y mucho de sí mismo. Eso puede que suene cínico, pero si se interpreta con el espíritu correcto, esa filosofía podría protegernos de los desengaños y darnos la libertad de buscar a Dios con el apoyo de los demás o sin él.

Además de esta, había otras barreras que Caleb tenía que superar para ver su deseo cumplido.

Tiempo

Pasaron cuarenta años completos desde el día en que Dios hizo a Caleb la promesa hasta que él pudo tomar aquel monte para el Señor. De esos años, treinta y ocho pasaron en peregrinación por el desierto, y luego pasaron dos años más desde que Josué comenzó sus campañas militares. Cuarenta años es mucho tiempo.

Piensa en lo que Caleb había visto durante ese período de espera. Vio morir en el desierto a una generación entera. Sus padres murieron, sus amigos murieron, e incluso murieron los otros diez espías. Aquellos años no fueron fáciles, pues Caleb sufrió junto con la nación.

Caleb estaba presente cuando los hijos de Coré dirigieron una rebelión y Dios los juzgó; vio la tierra abrirse y tragarse vivos a los rebeldes. Luego murieron unos cuantos miles más como producto de una plaga cuando se quejaron ante Moisés y Dios por haberlos llevado al desierto (ver Nm. 16).

Caleb sufrió con todo esto porque su destino estaba ligado al de la nación. Si pensaba que estaba desperdiciando tiempo en el desierto, no importaba; él tenía que esperar. Aunque no fue disciplinado por Dios personalmente, estaba sufriendo porque otras personas estaban bajo disciplina. A pesar de todo esto, Caleb no desistió. Cuarenta años después, demostró que las promesas de Dios eran dignas de confianza.

¿Cuánto tiempo has esperado a que Dios cumpla su Palabra? Nos podemos volver impacientes a los seis meses o al año. Cuarenta años parece incomprensible. Sin embargo, a veces Dios espera todo ese tiempo para hacer lo que nosotros creemos que debería hacer ahora.

El tiempo es otra barrera que debe superarse si queremos ver a Dios conquistar ese monte. La paciencia (o perseverancia) es uno de los rasgos del carácter que Dios quiere desarrollar en nosotros (ver Ro. 5:3-4). La única manera de desarrollar la paciencia es obligándonos a esperar el tiempo de Dios. Esperar a Dios no es una pérdida de tiempo.

Pero había otras fuerzas que obraban contra Caleb, mientras él iba en pos de su promesa.

Prejuicio racial

Tal vez te sorprendas al enterarte de que Caleb era de una raza mezclada. Era hijo de Jefone cenezeo (ver Jos. 14:6). Esa tribu pertenecía a los cananeos, el mismo pueblo que tenía que ser exterminado. La primera vez que oímos hablar de ellos fue cuando Dios prometió a Abraham que su posteridad saldría de Egipto y conquistaría a Canaán. Una de las tribus malvadas que debía ser juzgada duramente era la de los cenezeos (ver Gn. 15:19).

Es evidente que la familia de Caleb estaba originalmente fuera del pacto de la bendición. Solo la generosa gracia de Dios lo protegió de estar entre los malditos. Obviamente, algún miembro de su familia había ido a Egipto con Abraham y por tanto llegó a formar parte de la "…multitud de toda clase de gentes…" que Moisés sacó de Egipto con los hijos de Israel (ver Éx. 12:38). Por eso, Caleb participó en la bendición de Dios, aunque sus antepasados estaban fuera de la esfera del pueblo elegido.

No lo puedo demostrar con las Escrituras, pero es probable que Caleb fuera ridiculizado porque tenía sangre cananea en las venas. Los judíos por lo general despreciaban a los de raza mezclada y se resentían cuando

Dios mostraba su gracia a los considerados "impuros". Sin embargo, nada de eso logró que Caleb desistiera de seguir al Señor plenamente, pues su mirada estaba enfocada en Dios y no en aquellos que debían haber respaldado su fe. ¡Qué diferencia produjo su perspectiva!

El prejuicio racial es difícil de eliminar; tal vez nunca se elimina del todo. Es muy denigrante juzgar a otros por sus antecedentes étnicos o por el color de su piel. Los que son rechazados por causa de sus rasgos saben lo debilitante que puede ser ese desprecio.

Caleb, junto con muchos otros que han tenido que lidiar con ese prejuicio, han descubierto que Dios es mayor que los juicios superficiales de personas desconsideradas. Cuando Él nos hace una promesa, nada, excepto nuestro propio temor inapropiado, nos puede impedir la bendición que la acompaña.

Su edad

A la edad de ochenta y cinco años, Caleb debió haber estado pidiendo pantuflas en lugar de zapatos con clavos. ¿Quién quiere ir a la guerra a esa edad cuando hay tantos jóvenes capaces que lo pueden hacer? ¡Caleb debió haberse establecido en un condominio y empleado a alguien que le cortara el césped!

Pero él no se contentaba con relajarse cuando faltaba una promesa por cumplir. Dios le había dicho no solo que entraría en la Tierra Prometida, sino que personalmente participaría en el reclamo del territorio para él y sus descendientes. De hecho, Dios lo mantuvo saludable físicamente con buena visión para que pudiera ver cumplida la Palabra de Dios: "Todavía estoy tan fuerte como el día que Moisés me envió; cual era mi fuerza entonces, tal es ahora mi fuerza para la guerra, y para salir y para entrar. Dame, pues, ahora este monte, del cual habló Jehová aquel día; porque tú oíste en aquel día que los anaceos están allí, y que hay ciudades grandes y fortificadas. Quizá Jehová estará conmigo, y los echaré, como Jehová ha dicho (Jos. 14:11-12)".

La edad no es impedimento para hacer la voluntad de Dios. El Señor mantiene vivo a su pueblo siempre que lo necesiten para poder cumplir todo lo que Él ha planeado para ellos. No hay combinación de hombres y demonios, enfermedad o accidente que pueda terminar con nuestra vida hasta que Dios diga que hemos terminado la obra que nos ha dado para hacer.

La mayor parte del tiempo, cuando hablamos de planificar nuestra jubilación, pensamos en ahorrar dinero para poder disfrutar de un ambiente sin tensiones en nuestros últimos años.

Tal vez debamos pensar en cómo podemos usar esos últimos años para servir más productivamente a Dios. Con toda una vida de experiencias que demuestran la fidelidad del Todopoderoso, deberíamos estar bien equipados en nuestra ancianidad para reclamar nuestros mayores montes para Él.

Si quieres saber cuáles podrían ser esos montes, lo único que te puedo decir es que Dios nos guiará hacia esos retos si lo buscamos de verdad. Nuestro mayor peligro será no consultar a Dios, no sea que Él desbarate nuestros propios planes para nuestros años finales en la tierra.

Aún había otro obstáculo que Caleb tenía que superar.

El enemigo

Los anaceos se habían atrincherado en la cima del monte de Hebrón, la porción de terreno que Caleb había elegido conquistar. Estaban viviendo en una ciudad con altos muros; no estaban dispuestos a desistir fácilmente de su territorio para dárselo a Caleb y a sus tropas.

El solo hecho de que Dios le hubiera dado una promesa a Caleb no significaba que pudiera sentarse a mirar cuando se cumpliera. Sí, Dios es fiel, pero Caleb tenía que tener el valor de luchar. Aferrarse a las promesas de Dios no es fácil, pero es gratificante.

¿Qué hacía a Caleb tan distinto de otros que lo rodeaban? Si pudiéramos hablar con él, creo que diría: "No hay obstáculo que sea demasiado grande para las promesas de Dios".

¿Dónde obtuvo esa fe que le permitía creerle al Señor independientemente de la decepción que producen cuarenta años de espera? Es evidente que si Caleb se hubiera concentrado en los obstáculos, nunca hubiera tenido la tenacidad de capturar un monte para Dios. Caleb aprendió la misma lección que Josué: *solo aquellos que se concentran en las promesas y miran los problemas solo de reojo pueden salir adelante contra la oposición.*

Eso es porque nos convertimos en lo que contemplamos, en lo que más nos obsesiona. Cuanto más absortos estemos en los problemas, más formidables se vuelven. Cuanto más contemplamos las promesas de Dios, más pequeños se vuelven los problemas. De hecho, podemos decir que el tamaño de nuestros obstáculos en realidad depende del tamaño de nuestro Dios. Los grandes obstáculos implican que Dios es pequeño; un Dios grande implica que todos los obstáculos son pequeños.

Guillermo Carey nació en 1761 cerca de Northampton, Inglaterra. Su niñez se desenvolvió de manera rutinaria, aunque tenía problemas persistentes con las alergias.

Fue zapatero desde los dieciséis años hasta los veintiocho. Pasaba su tiempo libre estudiando la Biblia y aprendiendo sobre las misiones.

A los veinte años se casó con Dorothy, quien desde el principio fue una mala pareja. No solo no tenía preparación alguna, como era el caso de la mayoría de las mujeres en Inglaterra en aquella época, sino más grave aún, no tenía ningún interés en la pasión de su esposo por las almas de la India.

Sus primeros años estuvieron plagados de dificultades y pobreza. Carey aceptó el llamamiento a ser pastor de una pequeña iglesia bautista, donde pudo continuar sus estudios. Se convenció de que la Gran Comisión era importantísima entre las responsabilidades de la Iglesia. Aunque esa idea no es nueva para nosotros, era tan revolucionaria en sus días que cuando presentó su visión a un grupo de ministros, le dijeron: "Joven, siéntese. Cuando a Dios le plazca convertir a los impíos, lo hará sin su ayuda y sin la mía".

Sin embargo, a Guillermo Carey no hubo quien lo detuviera en celo, y contribuyó en la organización de una nueva junta de misiones que a la larga lo envió a la India. Su iglesia se opuso a su decisión, y su padre lo llamó "loco". Peor aún, su esposa se opuso inflexiblemente a irse de su tierra natal para embarcarse en un peligroso viaje de cinco meses y pasar el resto de su vida en el mortal clima tropical de la India. Tenían tres hijos y otro en camino, y ella no estaba dispuesta a ir.

Increíblemente, Carey estaba decidido a ir, incluso si eso significaba ir sin ella. Él y John Thomas, otro misionero designado, junto con el hijo de ocho años de Carey, zarparon para la India. Sin embargo, el barco tuvo que

regresar a Portsmouth, Inglaterra, por razones técnicas, y
Carey se vio obligado a volver a su casa. Después Dorothy,
que había dado a luz a su cuarto hijo, aceptó renuentemente
ir con él, siempre y cuando su hermana los acompañara.

Una vez en la India, la familia tuvo una serie de dificultades. La pobreza era increíble; ganarse la vida a duras
penas era difícil. Peor aún, Dorothy perdió la salud y la
estabilidad mental. Cuando su hijo Peter, de cinco años,
murió, aumentó su deterioro mental. Los compañeros de
trabajo la describieron como "completamente trastornada".

No obstante, Carey siguió adelante con su obra. Pasaba
horas al día trabajando en traducciones, predicaba y funda-
ba escuelas, y con el tiempo fundó una iglesia. Y aun así,
después de siete años, Carey no podía decir que tenía ni
un solo converso en la India. Posteriormente necesitaron
su ayuda en Serampore, y se mudó para allá.

Mientras estaba en Serampore, Carey terminó tres traducciones de la Biblia completa y ayudó a traducir secciones
de las Escrituras a varios idiomas y dialectos. Aunque sus
traducciones eran toscas y muchas veces incomprensibles,
no desistió. Volvía a trabajar en una traducción hasta que
quedaba convencido de que se podía entender. Junto con
esos proyectos, fundó una universidad y plantó iglesias.
John Marshman escribió cómo Carey muchas veces trabajaba en sus traducciones "mientras una esposa loca, con
frecuencia en un estado de excitación sumamente angus-
tioso, se encontraba en la habitación contigua".

Seis meses después de la muerte de Dorothy en 1807,
Carey se volvió a casar contra la oposición de sus compañeros misioneros. Gracias a Dios, su segundo matrimonio fue feliz, y los hijos de Carey finalmente tuvieron una
madre que se ocupaba de ellos.

Uno de sus reveses más devastadores fue la pérdida de sus inestimables manuscritos por causa de un incendio ocurrido en 1812. Se destruyeron traducciones de la Biblia, un diccionario multilingüe enorme y libros de gramática. ¡Imagínate! ¡Se perdieron años de una labor meticulosa! Un hombre más débil que él nunca se hubiera recuperado, pero Carey consideró que el incendio había sido un juicio de Dios y comenzó su ardua labor otra vez.

Carey pasó sus últimos años en obstinado estudio del idioma, salpicados de disputas internas dentro de la misión. Los misioneros nuevos querían mejores condiciones de vida y se quejaban de que el liderazgo de la misión era demasiado dictatorial. Con el tiempo, se produjo una división, y se formó una segunda junta de misiones. Lo que empeoró el dolor de Carey fue que la junta de misiones en Inglaterra optó por ponerse del lado de sus oponentes.

Carey murió en 1834 después de haber causado un impacto en las misiones de un alcance que se extendía mucho más allá de la India. Inspiró a miles a tomarse en serio la Gran Comisión y a entregarse a la traducción de la Biblia y al establecimiento de iglesias. (Si deseas más detalles, lee el libro titulado *From Jerusalem to Irian Jaya* [De Jerusalén a Irian Jaya], 2ª ed. Grand Rapids: Zondervan, 2004. Solo en inglés).

Si bien es cierto que Guillermo Carey puede no haber sido un buen ejemplo como padre, puede ser un ejemplo para todos nosotros en su determinación absoluta de hacer lo que él creía que Dios quería. ¿Por qué nadie lo podía detener? Carey dijo lo siguiente sobre su éxito: "Puedo trabajar laboriosamente. Puedo perseverar en cualquier empresa definitiva. A eso lo debo todo".

El espíritu de Guillermo Carey, y de Caleb, todavía se

puede encontrar en la Iglesia de hoy. Todos hemos conocido personas que vencen cualquier obstáculo para hacer
lo que creen que es la voluntad de Dios.

Cuando tienes una promesa de parte de Dios, nada
te tiene que impedir que experimentes su cumplimiento.

Capítulo 13

Cómo hacer que las promesas den resultado

Josué 21

El mayor reto espiritual que enfrentaremos en la vida es aparejar las promesas de Dios con nuestro desempeño. Nadie debería dudar de que Él está de nuestro lado; la pregunta es: ¿Cómo podemos conseguir que su poder haga realidad sus promesas?

Si creemos que el Señor nos ha fallado, vamos a dudar antes de lanzarnos sobre su Palabra. Por eso nuestros primeros intentos de tomarnos en serio nuestra fe a menudo son titubeantes, llenos de incertidumbre.

En estas páginas, he hecho hincapié en que las promesas no son nuestras sin tener que librar una batalla. Muchas veces suponemos erróneamente que se van a cumplir de manera automática. Eso nos puede llevar a la decepción cuando concluimos que Dios no es tan confiable como se nos dice que es.

El propósito de este capítulo es resumir los principios necesarios para aplicar las promesas al mundo desordenado de nuestra experiencia. Espero poder disipar la idea de que las promesas de Dios se pueden disfrutar sin esfuerzo y sin sacrificio. Pero también deseo afirmar firmemente que las promesas de Dios, una vez se desatan, son todo aquello para lo cual se concibieron.

Lee esta extraordinaria declaración respecto a la fidelidad de Dios: "De esta manera dio Jehová a Israel toda la tierra que había jurado dar a sus padres, y la poseyeron y habitaron en ella. Y Jehová les dio reposo alrededor, conforme a todo lo que había jurado a sus padres; y ninguno de todos sus enemigos pudo hacerles frente, porque Jehová entregó en sus manos a todos sus enemigos. *No faltó palabra de todas las buenas promesas que Jehová había hecho a la casa de Israel; todo se cumplió*" (Jos. 21:43-45, cursivas añadidas).

¡Se cumplieron todas las palabras!

¿A qué promesas se refiere el autor? La principal es: "Yo os he entregado, como lo había dicho a Moisés, todo lugar que pisare la planta de vuestro pie. Desde el desierto y el Líbano hasta el gran río Éufrates, toda la tierra de los heteos hasta el gran mar donde se pone el sol, será vuestro territorio. Nadie te podrá hacer frente en todos los días de tu vida; como estuve con Moisés, estaré contigo; no te dejaré, ni te desampararé" (Jos. 1:3-5).

¿Cómo llegamos del punto A al punto B? Es decir, ¿cómo llegamos de la promesa a su cumplimiento? Josué 1 es la promesa, los siguientes veintitrés capítulos son el cumplimiento. Pero ¿qué hay entre uno y otro? Había que pagar seis precios para ver que todo se cumpliera. Sin estos, la promesa no se habría cumplido.

Conflicto

Este es, por supuesto, el precio más evidente que había que pagar para heredar la tierra. La mayor parte del libro de Josué es un registro de guerra. En los primeros capítulos, la nación se prepara para la batalla; en el capítulo 6, capturan a Jericó; en el capítulo 8 conquistan a Hai, pero no sin antes perder treinta y seis hombres en el campo de batalla. En los capítulos subsiguientes, se embarcan en una campaña militar tras otra. ¿Por qué todas esas batallas?

Algunas batallas eran internas porque las personas no se llevaban bien entre sí o había pecado en el campamento. Tenía que haber unidad interna antes de que Josué pudiera continuar sus conquistas militares.

La mayoría de las batallas eran externas, contra los cananeos. Algunas se ganaron más fácilmente que otras, pero a la larga, Josué tomó todo el territorio que quiso. Siempre que retaba al enemigo por fe, ganaba.

¿Por qué es necesario luchar cuando se está tomando territorio para Dios? Recuerda que cada paso que damos hacia el frente obliga al enemigo a dar un paso hacia atrás. Él se resiste a hacer eso. Satanás se opone a nuestro más mínimo progreso como cristianos. A medida que avanzamos, él debe retirarse, y eso lo enoja. *No hay progreso espiritual que no tenga oposición.*

Pablo escribió: "Porque no tenemos lucha contra sangre y carne, sino contra principados, contra potestades, contra los gobernadores de las tinieblas de este siglo, contra huestes espirituales de maldad en las regiones celestes" (Ef. 6:12). Podemos estar armados de todas las promesas de Dios y aun así tener que librar una batalla dentro de nuestra alma. La victoria nunca es automática. Únicamente los que tienen el valor de "pelear la buena batalla de la fe" la experimentan.

Las promesas de Dios pueden llevar al descanso, pero para llegar ahí hay que pasar por conflictos. No se nos garantiza el éxito, solo la seguridad de que podemos conquistar si somos persistentes. Dios fue fiel, pero ¡piensa en todas las dificultades que Israel soportó para ver esa fidelidad hecha realidad!

Paciencia

Puesto que podemos leer el libro de Josué en una o dos horas, podría ser fácil creer que este líder conquistó la tierra rápidamente, en unos cuantos días o semanas. Pero no fue así. Los acontecimientos de este libro tomaron entre catorce y quince años en total. En un momento determinado, el Señor dijo a Josué: "...Tú eres ya viejo, de edad avanzada, y queda aún mucha tierra por poseer" (Jos. 13:1). Incluso cuando Josué murió, todavía quedaban batallas que ganar, pues había focos de resistencia en toda la tierra. Sí, Josué obtuvo muchas victorias, pero ninguna fue tan decisiva que terminara con toda la hostilidad del enemigo. De hecho, leemos: "Y Jehová tu Dios echará a estas naciones de delante de ti poco a poco; no podrás acabar con ellas en seguida, para que las fieras del campo no se aumenten contra ti" (Dt. 7:22).

Las promesas de Dios no siempre se cumplen instantáneamente. Él iba a echar fuera al enemigo poco a poco. La nación obtendría una victoria, luego se reagruparía y obtendría otra victoria. Las batallas continuaron año tras año con una resistencia implacable de parte de los habitantes airados. En realidad, el Señor dijo que la nación no iba a poder manejar la victoria total si Él se la daba de una vez, pues las fieras del campo se multiplicarían en un territorio que estaba conquistado, pero no ocupado.

Jesús dijo: "Cuando el espíritu inmundo sale del hombre, anda por lugares secos, buscando reposo; y no hallándolo, dice: Volveré a mi casa de donde salí. Y cuando llega,

la halla barrida y adornada. Entonces va, y toma otros siete
espíritus peores que él; y entrados, moran allí; y el postrer
estado de aquel hombre viene a ser peor que el primero"
(Lc. 11:24-26). Lo que quiere decir es que una vida vacía
está abierta a toda clase de influencias pecaminosas. No
es suficiente echar fuera los demonios; el poder de Dios
tiene que llenar el vacío que queda. El territorio que no
se ha ocupado puede ser tan peligroso como el territorio
habitado por el enemigo.

Josué tenía que asegurarse de que la tierra que él con-
quistara se ocupara debidamente. Los israelitas armaron
campamentos en ella para que no la volvieran a tomar.

La nación aprendió sobre la marcha. Josué hablaba de
la estrategia y concebía planes a medida que avanzaban.
Cada nueva batalla era un reto de ingenio y valor.

¡Qué maravilloso sería si pudiéramos tener una experiencia espiritual por medio de la cual ganáramos todas
las batallas de una sola vez! ¡Qué desalentador puede ser
tener que pelear todos los días! Siempre estamos buscando el gran acontecimiento, aquel que nos va a lanzar a la
grandeza espiritual.

Creo que a menudo tenemos experiencias espirituales
de crisis que nos hacen avanzar en nuestra comunión con
Dios. A veces sucede cuando estamos acorralados y nos
vemos obligados a entregarnos plenamente al Señor. O tal
vez llegue en un momento especial de comunión con el
Todopoderoso. Damos gracias por esos momentos, pero
incluso entonces, las batallas no terminan.

La mayoría de las veces vencemos al enemigo mediante una serie de batallas menores, esas disciplinas diarias
mediante las cuales aprendemos a decir que no a la tentación y a vivir nuestra vida para Dios.

Por lo tanto, la pregunta no es: ¿Dónde estás en tu vida cristiana?, sino más bien: ¿En qué dirección vas? Si miras atrás a los meses y los años, ¿puedes discernir el progreso? ¿Estás librando las mismas viejas batallas o las has dejado atrás para enfrentar nuevos retos?

Cooperación

En todo el libro de Josué, encontramos la frase "los hijos de Israel". Es una referencia a la nación, claro, mientras ganaba batallas, planeaba estrategias y celebraba sus victorias. Ni siquiera Josué podía tomar a los cananeos por sí solo. Los soldados, las tribus o las naciones son las que ganan o pierden batallas. La Iglesia que es fuerte tenderá a fortalecer a sus miembros individuales; la Iglesia débil podría ahogar a los que están aprendiendo a nadar.

El individualismo nos hace pensar que podemos vivir la vida cristiana solos. Creemos que al tener las promesas de Dios, podemos obtener victorias privadas sobre nuestras derrotas privadas (o no tan privadas). Sin embargo, en Colosenses, Pablo expresa la importancia de crecer *juntos*: "Para que sean consolados sus corazones, unidos en amor, hasta alcanzar todas las riquezas de pleno entendimiento, a fin de conocer el misterio de Dios el Padre, y de Cristo" (Col. 2:2). Podremos alcanzar nuestra riqueza espiritual solo cuando nuestros corazones estén unidos en amor. Las promesas de Dios no deben aplicarse aisladamente, sino dentro del contexto de la comunidad de su pueblo.

Hace poco hablé con un hombre que me dijo algo que nunca le había dicho a nadie antes. Aunque había testificado a incrédulos en los centros comerciales y hasta había discipulado a varios jóvenes cristianos, dijo: "Yo gasto entre trescientos y cuatrocientos dólares al mes en pornografía".

Hablé mucho con él sobre la victoria espiritual, pero añadí rápidamente: "Nunca saldrás de ese yugo espiritual tú solo". ¡Ni siquiera Josué fue capaz de tomar Jericó por sí solo! La rendición de cuentas personal es esencial para vencer las adicciones, los abusos y otras batallas espirituales. Ora para que Dios te dé un compañero de oración con quien puedas compartir tus gozos y tristezas. Ese es el primer paso para sacar fuerza del cuerpo de Cristo.

Las promesas de Dios se hacen dentro del contexto de su pueblo; deben ejercerse dentro de la comunidad de creyentes. Existe una relación directa entre nuestra fuerza y la fuerza combinada de toda la Iglesia.

Sumisión

Una vez que las ciudades principales de Canaán fueron conquistadas, la tierra fue dividida entre las diferentes tribus de Israel. El reparto se hizo echando suertes, o como diríamos nosotros, tirando dados. Eso eliminó los intereses personales de todas las decisiones. Nadie podía acusar a Josué de favoritismo ni de "cargar los dados".

De hecho, esta antigua práctica tenía la bendición de Dios. "La suerte se echa en el regazo; mas de Jehová es la decisión de ella" (Pr. 16:33). Podríamos parafrasear eso y decir: "Los dados se tiran sobre la mesa, pero Dios determina la manera en que caen". Eso no quiere decir que debamos vivir la vida tirando dados, pues Dios no ha prometido guiarnos así hoy día. Pero en tiempos del Antiguo Testamento, sí se usaba la suerte para que las personas pudieran tomar decisiones difíciles.

Se podía predecir que algunos no iban a estar contentos con su suerte. Por ejemplo, los hijos de José se quejaron de que su territorio era demasiado estrecho. "…¿Por qué nos has dado por heredad una sola suerte y una sola parte, siendo nosotros un pueblo tan grande, y que Jehová nos ha bendecido hasta ahora?" (Jos. 17:14).

Josué les dijo que ellos debían conquistar más territorio por sí mismos. Pero ellos, a su vez, se quejaron del tamaño de los cananeos en la tierra. Josué contestó con el reto de que no debían ser intimidados por el enemigo: "…Tú eres gran pueblo, y tienes grande poder; no tendrás una sola parte, sino que aquel monte será tuyo… porque tú arrojarás al cananeo, aunque tenga carros herrados, y aunque sea fuerte" (vv. 17-18).

Esa fue la manera de Josué de decir: "Si la vida te da un limón, ¡haz una limonada!". Tenían que sacar el máximo provecho de su "suerte", les gustara o no. Después de todo, es Dios quien determina el desenlace. Sí, algunas personas estarían viviendo más cerca de Jerusalén que otras; algunas tendrían mejores pastos o mejores campos de grano. Pero dondequiera que Dios los colocara, Él iba a aumentar su territorio allí mismo.

¿Estás satisfecho con tu suerte en la vida? Nosotros no elegimos a nuestros padres, nuestra apariencia ni el nivel de nuestra inteligencia. No elegimos ser maltratados, sufrir aflicciones físicas ni espirituales. Esas cosas son nuestra suerte, las "cartas que nos tocaron", humanamente hablando.

Algunos empeoran su suerte a través de malas decisiones; arruinan su vida en el altar de la amargura o la sensualidad. Miran al otro lado de la cerca y se consumen de envidia porque los vecinos tienen una mejor suerte en la vida.

¿Cómo se pueden aplicar las promesas de Dios justo donde estamos? Tenemos que tener la fe para creer que Él es suficientemente grande como para permitirnos hacer lo mejor que podamos con nuestra vida a pesar de la situación actual en la que estamos. Tal como veremos después, Dios es nuestra suerte, nuestra porción. Podemos disfrutar de Él incluso si nos meten en una parcela de terreno pequeña; es decir, incluso si tenemos que vivir la vida con una multitud de sueños que no se hicieron realidad.

Las promesas de Dios se pueden aplicar independientemente de nuestra suerte. Nuestra tarea es someternos al Señor dondequiera que Él nos haya colocado. Tal como dice el adagio: "¡Florece donde te siembren!".

Obediencia fiel

Se ha hablado tanto ya de la fe que solo la tengo que mencionar aquí brevemente. Dios le dijo a Josué una y otra vez que si él esperaba conquistar la tierra, tendría que obedecer en fe. Los israelitas tenían dos temores recurrentes durante su conquista de Canaán: temor de sus enemigos y temor de ser abandonados por Dios. Una y otra vez pensaron que el Todopoderoso los abandonaría en su hora de necesidad.

Si nos preguntamos cómo puede aumentar nuestra fe, la respuesta es *a través de la Palabra de Dios*. "Así que la fe es por el oír, y el oír, por la palabra de Dios" (Ro. 10:17). La Palabra de Dios debe derramarse constantemente en nuestra mente para limpiarnos y para aumentar nuestra fe. Sin una firme creencia en la fidelidad de Dios, no podemos avanzar.

Vigilancia

Los israelitas nunca exterminaron a los cananeos. Varias veces leemos: "…hicieron tributario al cananeo, mas no lo

arrojaron" (Jos. 17:13). Dios usó a los cananeos que quedaron para lograr su propósito en la vida de su pueblo. Ellos
fueron un recordatorio constante de su necesidad de confiar
en el Señor, una advertencia constante contra el volver atrás.

Tú y yo confiaremos en nosotros siempre que podamos. Por naturaleza acudimos a Dios solamente cuando
tenemos un problema demasiado grande de manejar. Nada
nos obliga tanto a confiar en Él como afrontar a un enemigo varias veces mayor que nosotros.

Dios también usó a los cananeos para disciplinar a
Israel por su desobediencia. Cuando la nación pecaba,
los cananeos se fortalecían lo suficiente como para poner
a Israel de rodillas. En el libro de Jueces, tenemos una
larga lista de todos los territorios que estaban bajo control cananeo (ver Jue. 1:3-36). El libro completo recuenta
los ciclos de disciplina cuando Dios usaba a los cananeos
para llevar a Israel al arrepentimiento.

En el Antiguo Testamento, encontramos muchas veces
un principio importante que está implicado en el Nuevo
Testamento: *Dios siempre permite que el enemigo con el
cual hacemos las paces nos enrede.* En el momento en que
toleramos algún pecado conocido, descubrimos que a la
larga nos va a vencer. Los acuerdos que hacemos con el
mundo nos perjudican. Ni Satanás ni nuestra naturaleza
pecaminosa juegan por las reglas; en el momento en que
llegamos al acuerdo, el mal comienza a hacerse cargo.

He hecho hincapié en que hemos de conquistar territorio para la gloria de Dios; pero ¿cuál es el territorio que
hemos de conquistar? Usando la analogía del territorio
físico, David habló del territorio espiritual que debemos
recibir de Dios. Hasta se refirió a él como su "suerte", la
porción que Dios le había asignado:

Jehová es la porción de mi herencia y de mi copa; tú sustentas mi suerte. Las cuerdas me cayeron en lugares deleitosos, y es hermosa la heredad que me ha tocado. Bendeciré a Jehová que me aconseja; aun en las noches me enseña mi conciencia. A Jehová he puesto siempre delante de mí; porque está a mi diestra, no seré conmovido. Se alegró por tanto mi corazón, y se gozó mi alma; mi carne también reposará confiadamente (Sal. 16:5-9).

La herencia de David es nuestra herencia hoy: procurar los placeres de Dios, los cuales pueden ser nuestros si aplicamos sus promesas. Eso nunca será fácil, pero se puede lograr mediante la fe. No es de sorprenderse que a Josué se le advirtiera que el libro de la ley no debía apartarse de su boca, porque solamente cuando estamos absortos en la Palabra podemos tener la fe para confiar en las promesas, pase lo que pase.

Capítulo 14

Elige a Dios

Josué 22—24

Nunca podremos deshacernos del complejo de langosta a menos que tomemos algunas decisiones difíciles. Desdichadamente, siempre es más difícil tomar una decisión correcta que tomar una mala. Alguien ha observado con precisión que el camino de menor resistencia es lo que tuerce a las personas y a los ríos.

Ninguno de nosotros puede permanecer indefinidamente sin hacer un compromiso serio. O bien creceremos en nuestro amor a Cristo, o caeremos de nuevo en un desierto de aburrimiento, falta de propósito y falsas promesas de refrigerio. O tomaremos territorio para Dios o se lo pasaremos al enemigo.

Dios se encargará de darnos un empujón, pero ¡a veces no será muy suavemente! El tiempo pasa; hay que tomar decisiones. Dios nos acorrala, y tenemos que decidir cuáles son las prioridades máximas.

Nuestras decisiones importantes de la vida se basan en un sendero de decisiones menores que tomamos de un día para otro. La dirección de nuestra vida está determinada por nuestros hábitos diarios, nuestras prioridades secretas.

Antes de morir, Josué derramó su corazón a los israelitas y les suplicó que sirvieran al Señor. Les advirtió acerca del peligro de la transigencia; habló del juicio que vendría por la desobediencia. Y ofreció esperanza y bendición a los que estaban preparados para seguir al Señor plenamente.

Sin embargo, antes de que Josué lanzara su último reto, tenía que arreglar una disputa que había surgido entre las tribus. Cabía la posibilidad de una guerra civil, y todo por causa de un malentendido. Recuerda que las tribus de Rubén, Gad y la media tribu de Manasés habían pedido la oportunidad de establecerse en la margen oriental del río Jordán. Josué prometió que ellos podían reclamar ese territorio, pero solo después de que hubieran ayudado a las demás tribus a conquistar la tierra de los cananeos (ver Jos. 1:12-18).

Ahora que estas tribus habían cumplido con sus obligaciones, era hora de que regresaran a sus parcelas al este del Jordán. Josué los envió con su bendición especial y una exhortación a la fidelidad (ver 22:5). Cuando se marchaban a casa, se acordaron de la fidelidad de Dios y de su lucha en unidad con todas las demás tribus. Para conmemorar su amistad y lazo común con los que estarían en la margen occidental del Jordán, estas tribus edificaron un altar en honor a Dios.

Sin embargo, el símbolo de unidad fue interpretado mal por los demás israelitas, como un paso hacia la apostasía. Se reunieron en Silo y se prepararon para ir a la guerra contra los ejércitos de las tribus orientales. Pensaron que aquel era un altar que se usaría para adorar a deidades paganas.

Nombraron a Finees, conocido por su gran celo, para dirigir una delegación que fuera a confrontar a esas tribus con el horror de lo que estaban haciendo. La acusación fue directa: "…¿Qué transgresión es esta con que prevaricáis contra el Dios de Israel para apartaros hoy de seguir a Jehová, edificándoos altar para ser rebeldes contra Jehová?" (v. 16)

Felizmente, todo fue un malentendido. Las dos tribus y medio contestaron que no estaban edificando un altar para fines de adoración pagana, sino solo como recordatorio de la fidelidad de Dios: "…si fue por rebelión o por prevaricación contra Jehová, no nos salves hoy" (v. 22). Así comenzó un largo discurso para explicar la motivación del proyecto. Este altar —explicaron ellos— serviría de testigo entre las tribus de que todas han de servir al Señor. Recordaría a las tribus más allá del Jordán que tenían el derecho a adorar en Silo, donde se había edificado el altar legítimo.

Admiremos el celo espiritual de las tribus del Oeste, quienes, a pesar de estar agotadas por la guerra, estaban listas para pelear otra vez por la pureza de la adoración a Jehová. Ellos conocían perfectamente los peligros de la transigencia espiritual; entendían que la idolatría nace fácilmente en el corazón de la humanidad. Sin embargo, tenían que aprender que es peligroso prejuzgar los motivos de los demás. A Dios gracias, este asunto se resolvió debidamente mediante la confrontación y el entendimiento mutuo.

Una vez que esa disputa quedó resuelta, Josué pidió a la nación de Israel que tomara una decisión difícil. Dio dos discursos de despedida. El primero aparentemente fue pronunciado en Silo, donde advirtió al pueblo contra las componendas con las naciones de la tierra. Ellos tenían que recordar que Dios había sido fiel cuando libraron todas sus batallas: "Pues ha arrojado Jehová delante de vosotros grandes y fuertes naciones, y hasta hoy nadie ha podido resistir delante de vuestro rostro. Un varón de vosotros perseguirá a mil; porque Jehová vuestro Dios es quien pelea por vosotros, como él os dijo" (23:9-10).

¿Y qué sucedería si el pueblo olvidaba al Señor? Esas naciones se fortalecerían, dijo Josué, y serían "...por lazo, por tropiezo, por azote para vuestros costados y por espinas para vuestros ojos, hasta que perezcáis de esta buena tierra que Jehová vuestro Dios os ha dado" (v. 13).

Los israelitas iban a tener que aprender un principio básico de la disciplina de Dios: *Nos enredamos con el pecado que toleramos.*

Con esa advertencia sonándoles en los oídos, la nación se reunió en Siquem para escuchar el discurso final de Josué. Siquem es donde Abraham recibió la promesa de que su simiente heredaría la tierra de Canaán; Jacob se detuvo en Siquem cuando regresó de servir a Labán y enterró allí los ídolos que su familia trajo consigo (ver Gn. 35:4); y Siquem, situado en el valle entre el monte Ebal y el monte Gerizim, fue muy probablemente el lugar donde, justo después de la victoria en Hai, Josué pidió a todo el pueblo que renovara su compromiso con la ley (ver Jos. 8:30-35).

En esta visita, él volvió a pedir al pueblo que se aferrara al Dios vivo y verdadero. Josué sabía que la decisión de seguir al Señor no se hace de una vez y para siempre. Esas decisiones tienen que ser reafirmadas por las generaciones mayores y aceptadas por las nuevas. Josué derramó su alma a todos los que escuchaban.

El punto culminante de su discurso llega en 24:14-15:

> Ahora, pues, temed a Jehová, y servidle con integridad y en verdad; y quitad de entre vosotros los dioses a los cuales sirvieron vuestros padres al

otro lado del río, y en Egipto; y servid a Jehová. Y si mal os parece servir a Jehová, escogeos hoy a quién sirváis; si a los dioses a quienes sirvieron vuestros padres, cuando estuvieron al otro lado del río, o a los dioses de los amorreos en cuya tierra habitáis; pero yo y mi casa serviremos a Jehová.

Algunas cosas en la vida son opcionales; uno puede elegir dónde vivir, qué vocación tener o el auto que va a conducir. Pero hay decisiones que son obligatorias. Josué dice que todo ser humano tiene que tomar algunas decisiones. Y cada uno de nosotros debe vivir con las consecuencias de esas decisiones.

Tenemos que elegir a nuestro Dios

Nadie puede vivir sin un dios. Josué le dice al pueblo que puede elegir dioses paganos, como los dioses de Egipto o los de los cananeos en cuya tierra están habitando. O pueden elegir a Jehová. Pero ¡tienen que elegir!

Presta atención a esto: solamente hay un Dios verdadero, pero existe una multitud de dioses paganos. Así como los paganos del pasado eran politeístas (creían en muchos dioses), así hoy hay muchos ídolos que compiten por nuestra lealtad.

Aunque es posible servir a muchos dioses paganos, no es posible combinar esa adoración con la lealtad al Dios vivo y verdadero. Jehová es un Dios celoso que no comparte su gloria con nadie. "Ninguno puede servir a dos señores…" (Mt. 6:24). Es como estar casado con dos mujeres al mismo tiempo y profesar amor a las dos por igual. Los que dicen servir con un corazón dividido, en realidad están sirviendo a un ídolo con todo el corazón.

Si Josué hablara hoy, nos retaría a abandonar a los dioses de la sociedad contemporánea: el dinero, el placer sensual y el interés en uno mismo. Esos son los dioses que compiten por nuestras almas. Se pueden resumir en la palabra "obstinación". Eso simplemente significa: "Hago lo que quiero hacer y creo lo que quiero creer".

¿Y cómo podemos identificar a nuestro dios? Hazte dos preguntas. En primer lugar, ¿en qué he estado pensando más la semana pasada? Nuestras mentes atraen a nuestro dios como un imán.

Segundo, ¿a quién quiero agradar? Esas preguntas revelarán la idolatría rampante dentro de nuestro corazón. Arrepentirnos de la falsa adoración debe ser nuestra mayor prioridad.

Alguien ha escrito:

He conocido a los ídolos más queridos,
de todo tipo y clase.
Ayúdame a destronarlos,
para a adorarte sólo a Ti.

Arrancarnos los ídolos del corazón es el acto espiritual más difícil que tendremos que llevar a cabo. También es el más gratificante. Porque donde Dios reina, hay libertad y fortaleza.

Dios no tolera la competencia, pues no hay dios que sea digno de ser comparado con Él.

Tenemos que servir a nuestro Dios

No hay dios en la tierra ni en el cielo que no exija lealtad. Puede que pensemos que los dioses falsos de los egipcios o los cananeos no hacían exigencias a sus súbditos. Pero ¡no era así!

Esos dioses no solo esperaban adoración, sino también sacrificio. Debido a su exigencia de sangre, los paganos sacrificaban sus hijos a esas deidades. El pueblo llegó a ser víctima de los apetitos sensuales de la carne y del espíritu involucrados en su adoración pagana.

Por el mismo poder real de esos dioses y de las fuerzas demoníacas que había detrás de ellos, el Señor ordenó a Josué y al pueblo que no se asociaran con las naciones de Canaán. Los israelitas debían obedecer la Palabra de Dios y rechazar la tentación de volverse a la izquierda o la derecha para no mezclarse con esas naciones que habían quedado con ellos, ni hacer mención ni jurar por el nombre de sus dioses, ni servirlos, ni inclinarse a ellos. A Jehová su Dios debían seguir, como habían hecho (ver Jos. 23:7-8).

Cuando elegimos a Jehová, no solo le serviremos, sino que aborreceremos lo que Él aborrece y amaremos lo que Él ama. Por ejemplo, Cristo enseñó que debemos amar a nuestros enemigos para que seamos "…hijos del Altísimo; porque él es benigno para con los ingratos y malos" (Lc. 6:35). Ser piadoso es ser "como Dios".

Llegamos a ser como el dios al cual servimos. Si elegimos al dios de la codicia, terminaremos mintiendo y engañando para satisfacer las demandas de ese dios. Si elegimos al dios de la sensualidad y la autoindulgencia, nos encontraremos al poco tiempo bajo el control de esos placeres. Por eso Pablo dice: "¿No sabéis que si os sometéis a alguien como esclavos para obedecerle, sois esclavos de aquel a quien obedecéis, sea del pecado para muerte, o sea de la obediencia para justicia?" (Ro. 6:16).

Cuando se convirtió a Cristo, Pablo cambió de amo; cambió su lealtad a un Dios diferente: "Pablo, siervo de Jesucristo, llamado a ser apóstol, apartado para el evangelio de Dios" (Ro. 1:1). La pregunta no es si vamos a ser esclavos, sino de quiénes vamos a ser esclavos.

En su libro *Smoke on the Mountain* [Humo en la montaña], Joy Davidson hace una pregunta perspicaz: ¿Qué forma tiene nuestro ídolo? Podemos parafrasear sus comentarios preguntando: ¿Tu ídolo tiene la forma de un auto, una casa, ropa, membresía en un club? La autora describe a alguien que dice: "Yo adoro los cuadros que pinto, hermano... Adoro mi trabajo... Adoro mi juego de golf... Adoro mi comodidad; después de todo, ¿no es el disfrute la meta de la vida? Adoro mi iglesia; déjeme decirle que la obra que hacemos con las misiones es superior a la de todas las denominaciones de la ciudad, y el año que viene podremos comprar el órgano nuevo, y no habrá un coro mejor en ninguna parte" (The Westminster Press, pp. 30-31; citado en *Joshua* [Josué], Donald K. Campbell, Victor, 1981).

Nuestro ídolo puede tener una forma externa o simplemente ser un concepto en la mente. Cualquier cosa que exige nuestra lealtad y atención continua es nuestro dios.

Influimos en los demás con nuestra decisión

Josué terminó su sermón siendo ejemplo de liderazgo moral: "Pero yo y mi casa serviremos a Jehová". Cuando elegimos a nuestro Dios, nuestra decisión influye en otras personas. Sí, puede ser especialmente cierto que los padres influyen en sus hogares, pero todo el mundo, niños y adultos, pueden ejercer influencia. Solo Dios conoce todo el poder del ejemplo intransigente de una persona.

Josué no solo influyó en su propio hogar, sino que también motivó a muchos otros a servir al Señor. Para bien o para mal, nuestra influencia siempre se extiende más allá de nuestro ambiente inmediato.

Esopo, recordarás, contó una fábula acerca de un cuervo que estaba en el bosque y tenía mucha sed. Encontró una jarra que tenía un poquito de agua en el fondo. El cuervo metió el pico en la jarra para obtener el agua, pero el pico no llegaba a tocarla. Así que comenzó a recolectar piedrecitas, una a la vez, y a dejarlas caer en la jarra. Al poco tiempo el agua se elevó dentro de la jarra, y el cuervo pudo tomar todo lo que quiso.

A medida que cada uno de nosotros deja caer su piedrecita en la jarra común —enseñando, siendo hospitalarios, tomando el tiempo para escuchar a un amigo que sufre—, el nivel del agua se eleva lo suficiente como para que todos podamos beber.

Josué terminó su discurso, y el pueblo hizo el pacto de que serviría al Señor su Dios. Luego los despidió para que fueran a su heredad. Con eso terminado, leemos: "Después de estas cosas murió Josué hijo de Nun, siervo de Jehová, siendo de ciento diez años" (Jos. 24:29).

Josué proveyó sin temor el liderazgo que necesitaba una nación que había llegado a creer que no era nada más que un enjambre de langostas. Su reto, igual que el nuestro hoy, fue lograr que el pueblo se centrara en Dios y no en sí mismo.

La diferencia entre una langosta y un gigante es cuestión de perspectiva. Si dependemos de Dios, las langostas se vuelven gigantes, y los enemigos gigantes se vuelven como langostas. Porque tal como dice Isaías, todos nosotros somos langostas en la presencia del Altísimo: "Él está sentado sobre el círculo de la tierra, cuyos moradores son como langostas; él extiende los cielos como una cortina, los despliega como una tienda para morar" (Is. 40:22).

Los gigantes son langostas que se han visto a través de los ojos del Dios vivo.

La *Biblia de estudio Ryrie ampliada* es una herramienta única y amplia que satisface todas las necesidades del estudio de la Biblia. Incluye:

- 10.000 notas explicativas concisas
- Abundantes mapas, cuadros, cronologías y diagramas
- Extensas referencias cruzadas
- Bosquejos de los libros en un formato fácil de leer
- Introducción minuciosa a cada libro
- Introducción al Antiguo y Nuevo Testamento así como a los Evangelios

- Índice de temas ampliado
- Amplia concordancia
- Breve resumen de doctrinas bíblicas
- La inspiración de la Biblia
- Cómo comprender la Biblia
- Cómo nos llegó la Biblia
- Significado de la salvación y bendiciones que comporta
- La arqueología y la Biblia
- Panorama de la historia de la iglesia

"La Biblia es el libro más grandioso de todos; estudiarla es la más noble de todas las ocupaciones; entenderla, la más elevada de todas las metas".
—Dr. Charles C. Ryrie

ISBN: 978-0-8254-1816-7 / Tapa dura
ISBN: 978-0-8254-1817-4 / Imitación piel, azul
ISBN: 978-0-8254-1818-1 / Imitación piel, negro

Disponibles en su librería cristiana favorita o en www.portavoz.com

La editorial de su confianza